Prince of Transylvania Rákóczi Ferenc II

Merkwürdige Geschichte des Fürsten Franz Rakoczi

und der durch die ungrischen Missvergnügten erregten Unruhen und Kriege

Prince of Transylvania Rákóczi Ferenc II

Merkwürdige Geschichte des Fürsten Franz Rakoczi
und der durch die ungrischen Missvergnügten erregten Unruhen und Kriege

ISBN/EAN: 9783743691896

Hergestellt in Europa, USA, Kanada, Australien, Japan

Cover: Foto ©ninafisch / pixelio.de

Weitere Bücher finden Sie auf **www.hansebooks.com**

Merkwürdige Geschichte des Fürsten FRANZ. RAKOCZI

und der

durch die ungrischen Mißvergnügten erregten Unruhen und Kriege

---

Berlin und Potsdam
1795

Leben des Fürsten
Franz Rakotzy.

Erster Abschnitt.

Enthält 1.) Beschreibung der Lage der Ungarischen Angelegenheiten von 1693, bis 1703, wo er an der Spitze der Mißvergnügten sich zeigte. §. 1—10.

2.) Geburt, Herkunft und Jugendjahre desselben. §. 11—17.

3.) Dessen Vermählung, Unruhen unter seinen Unterthanen, verdächtige Bekanntschaft mit Bonneval, unvermuthete Gefangennehmung. §. 18—23.

4.) Sein Arrest in Neustadt, Verhör und Flucht, nebst den Folgen derselben. §. 24—30.

5.) Seine Reise nach Pohlen, Schicksaale daselbst, Rückkunft in Ungarn. Erster Schritt zu neuen Unruhen im Lande. 31—40.

§. 1.

Das hohe Kaiserhaus wünschte schon im Anfange des Jahres 1692 Friede mit seinen Unterthanen zu haben, und trug dem englischen Bothschafter, der gerade nach Constantinopel reiste, geheime Aufträge an die Pforte auf. Denn ihm war nur zu sehr bekannt, daß der Feind der deutschen Macht dieser sonst so guten Nation diese unruhigen Gesinnungen einblies. Er gab dem Grafen Tököli, gegen den General Heußler, seine Gemahlin zurück, die bishieher bey den Ursulinerinen in Wien beherbergt wurde. Die Pforte, und besonders der damalige Großvezier war mit dem Tököli nicht zufrieden, weil ihnen die Freundschaft des Grafen gegen den gefangenen General Heußler und Davia gefährlich schien. Und sicher würde der Großherr auf Verlangen des Divans mit dem Grafen haben brechen müssen, wenn der letztere nicht sein kleines Truppencorps beynahe auf eigene Kosten unterhalten hätte. Das Jahr 1693 verstrich mit un-

bedeu-

bedeutenden Märschen und kleinen Scharmützeln. Die Türken faßten auf Tökölis Einrathen den Entschluß, in Siebenbürgen einzufallen; kaum bemerkten dies die Kaiserlichen, so belagerten sie Belgrad, weil sie gar wohl wußten, daß sich der Großvezier nun alsobald mit seiner ganzen Macht zur Vertheidigung dieser Festung verwenden würde. Sobald der Großvezier gegen Belgrad zog, hoben die Kaiserlichen die Belagerung auf, und giengen wieder über die Sau zurück; zufrieden, daß sie dadurch den Großvezier von seinem Plane, in Siebenbürgen einzufallen, abgebracht hatten, um welches es ihnen lediglich nur zu thun war.

§. 2

Auch das Jahr 1694 war eben so wenig fruchtbar an wichtigen Unternehmungen. Ewiger Wechsel, und ewiger Streit um die ersten Staats- und Kriegsbedienungen bey der Pforte hielten die Türken ab, etwas im Felde zu unternehmen. Hätte der Kaiserhof nicht gegen Frankreich in Flandern und Deutschland alle Hände voll zu thun gehabt, so wäre die Pforte gezwungen gewesen,

1694.

ihrer immerwährenden innerlichen Unruhen wegen, einen nachtheiligen Frieden zu schließen. Vielleicht mögen auch einige Europäische Höfe diese Unruhen im Divan aus Politik vorsetzlich genährt haben. — Auch die Friedensunterhandlungen zwischen Pohlen und der Pforte kamen, aller Vorkehrungen ungeachtet, nicht zu Stande. Endlich erschien der neue Großvezier mit einer Armee von 50000 Mann, andere 16000 Mann Tartarn ungerechnet, gegen das Ende des Monats August bey Belgrad in Tököllis Begleitung. Die Kaiserlichen standen unter dem Commando des Generals Caprara bey Peterwardein; die Infanterie hatte sich gut verschanzt, und auf dem Rücken die Festung Peterwardein und die Donau, die Kavallerie war jenseits des Flusses, und mit der Infanterie durch 2 Schiffbrücken verbunden, welche eine Menge kaiserlicher Schiffe deckte. Caprara hatte vom Hofe den gemessenen Befehl erhalten, nichts zu wagen, und die Türken schachmatt werden zu lassen. Diese suchten die Kaiserlichen in ihrem Lager zu blokiren. — Sie zogen eine Circumvallationslinie, öffneten die Laufgraben, sicherten sich durch eine gute Brustwehr, nahten sich bis auf einen halben

Mus-

Musketenschuß dem kaiserlichen Lager, und schlossen es ganz ein. Auch mit ihrer Artillerie thaten sie den Kaiserlichen vielen Schaden. Der Großvezier, weil sie schon bis auf 20 Schritte sich dem Feinde genähert hatten, wollte das kaiserliche Lager bestürmen, allein der Kulkhaẏaßi oder Generallieutenant der Janitscharen widerrieth es ihm. Nach einer Blokade von einem Monat, in welcher Zeit gar nichts entscheidendes vorfiel, entschied der Himmel zum Vortheil der Kaiserlichen. Es war im Anfang des Monats Octobers, als es so zu stürmen, zu schneyen und zu regnen anfieng, daß die Laufgraben der Türken mit einemmale voller Wasser standen, und sie sich gezwungen sahen, 2 Meilen weiter weg ihr Lager aufzuschlagen. Die Kaiserlichen ließen sie ruhig ziehen, und somit endigte sich der ganze Feldzug, der wenig entschieden und bey dem unaufhörlichen wechselseitigen Feuer viele Menschen gekostet hatte. Doch noch weit mehr als die Waffen raffte Krankheit, Ungemach und üble Witterung dahin. Der Großvezier wurde bey dem Divan der Feigheit und Saumseligkeit wegen angeklagt, und hatte das gewöhnliche Schicksal der Großveziere; das heißt: er wurde bey seiner

seiner Zurückkunft auf Befehl des Großherrn strangulirct. —

§. 3.

Von Jahr zu Jahre wurde der Krieg mit weniger Hitze fortgesetzt. — 1695
Das einzige, was die Türken für dieses Jahr versuchten, war eine Unternehmung gegen Siebenbürgen. Sie nahmen Lippa weg, und schlugen nahe bey Lugosch 8 Regimenter Kavallerie, welche General Veterani eben zum Marsch beordert hatte, um mit ihnen zur Hauptarmee zu stoßen. — Veterani selbst wurde dabey tödlich verwundet. — Diese Niederlage änderte den Plan der kaiserlichen Armee, den Türken eine Schlacht zu liefern, um sie dadurch zu hindern, in Siebenbürgen einzubrechen. — Allein sie hatten vergeblich gesorgt; die Türken waren so hitzig nicht. — Nach dieser Arbeit glaubten sie genug gethan zu haben, und zogen in die Winterquartiere, welches sie nach einer Verordnung Amuraths II, die er nach der Schlacht bey Verna gab, den 8ten oder 9ten October thun dürfen. Doch hielten sie nicht allezeit so strenge an dieser Verordnung, wie diesesmal. In diesem Jahre starb Achmet

Achmet der zweyte, und Mustapha folgte ihm in der Regierung nach einigen Monaten nach. —

§. 4.

Der Hauptplan der kaiserlichen Armee, die durch ungarische und andre Hülfstruppen einen zahlreichen Zuwachs erhalten hatte, gieng für dieses Jahr dahin, Temeswar wieder den Türken wegzunehmen, um dadurch Siebenbürgen vor einem plötzlichen feindlichen Ueberfalle sicher zu stellen, worauf die Türken schon durch drey Feldzüge Jagd gemacht hatten. Ein Theil der türkischen Armee, welchen der Sultan selbst anführte, gieng über die Theiß nach Titul zu, um einen Strich durch diese Rechnung zu machen. Allein General Gui von Stahremberg that ihnen hier so tapfern Widerstand, daß sie nicht durchbringen konnten. — Sie wählten also einen andern Weg, um die Belagerung aufzuheben und kamen zum Zweck. Einige Tage darauf kam es zwischen beyden Armeen zu einem Treffen, wo die kaiserliche Kavallerie und Infanterie viel Verlust litte, aber doch durch den männlichen Widerstand den Einfall der Türken

1696

in

in Siebenbürgen verhinderte. Von Seiten der Kaiserlichen blieben gegen 4000 Mann; doch konnte man dieß kein entscheidendes Treffen nennen. Die Türken waren schon damit wieder zufrieden, daß sie Temeswar gerettet hatten, und zogen wieder in die Winterquartiere, da sie doch leicht hätten wissen können, daß die kaiserliche Armee durch Krankheiten sehr geschwächt worden war.

§. 5.

Im Anfange des Jahres 1697 entspann sich in der Gegend von Tokay ein Volksaufruhr, der aber gleich wieder gedämpft wurde. Ein gewisser Kerl, Franz Tokkay faßte und raffte einiges liederliches Gesindel, das größtentheils aus Straßenräubern bestand, zusammen, nahm mit deren Hülfe durch eine Leiterersteigung Tokay ein, das nur 200 Mann Garnison hatte, und plünderte und mordete alles aus. Eben so verfuhr er auch mit dem Schlosse Patack, das gleichfalls schlecht vertheidigt war. Durch diese glückliche Unternehmung aufgeblasen, ließ er durch ganz Ungarn ein Cirkular laufen, worinn er sich einen Obristen des Fürsten Tötöli nannte, und

1697

und den Adel ermahnte, fürs Vaterland die Waffen zu ergreifen. Allein es fiel keinem Menschen ein, gemeine Sache mit diesen Lumpenvolke zu machen. Franz Rakoßy, den sie zu Szerentsch aufheben und gewaltsamer Weise zu ihrem Oberhaupte machen wollten, flüchtete sich deswegen nach Wien. Es war also keine Möglichkeit, daß dieser Haufe der Mannschaft, die gegen sie ausgeschickt wurde, die Spitze hätte bieten können, ob sie sich gleich als Verzweifelte wehrten. Tokkay selbst wurde mit vielen seines Complotts gefangen nach Wien gebracht, hingerichtet, und somit hatte die Sache ein Ende.

§. 6.

Der Großherr war indessen mit einem mächtigen Heere in Begleitung des Tökōli über die Gränze gerückt und war noch unentschlossen, ob er mit den Kaiserlichen ein Treffen liefern, oder Siebenbürgen erobern sollte. Prinz Eugenius von Savoyen kommandirte die kaiserliche Armee, und entfernte sich nicht von der Donau, weil er als ein einsichtsvoller Krieger den Vortheil wohl einsah, den sie ihm verschaffte. Er war von den Planen des Großherrn genau

genau durch einen Bascha unterrichtet, den die kaiserlichen Husaren gefangen genommen hatten, und hörte noch überdieß von den Spionen, daß er blos zu Zenta eine Brücke hätte schlagen lassen, daß der Großherr und der Großvezier bereits den Fluß paßirt hätten, daß man damit umgienge, die Kavallerie übersetzen zu laſſen, und daß die Infanterie noch dieſſeits der Brücke wäre. Dieſer vortheilhaften Ausſichten wegen ließ er ſeine Armee mit möglichſter Behutſamkeit vorrücken, und ſtand den 11. September vor den Verſchanzungen, welche die Türken gemacht hatten, um die Infanterie und die Brücke zu decken. Sie fiengen ſogleich heftig zu canoniren an, deßwegen beorderte Prinz Eugen die Kavallerie, ſich in Ordnung zurückzuziehen, bis die ganze Armee beyſammen ſeyn würde. Der Tag neigte ſich ſchon, und es waren höchſtens 2 Stunden zum Treffen noch übrig. Er ließ den linken Flügel der Infanterie mit dem linken Flügel der Kavallerie decken, wo etwa der Feind den linken Flügel mit ſeiner Kavallerie längs des Fluſſes hin hätte angreifen können. Eben ſo war auch der rechte Flügel geſtellt, und an dem Fluſſe waren einige Kanonen gepflanzt, die unaufhörlich die

Schiff-

Schiffbrücke beschießen mußten. Der linke Flügel griff auch etwas früher an, als das mittlere Corps und der rechte Flügel, aber die ganze Armee that den Angriff mit so ausgezeichnetem Muthe, daß der Feind, ungeachtet er anfangs sehr heftig feuerte, sich nicht zu helfen wußte, und in Unordnung gerieth. Die Kavallerie stieg vom Pferde, und füllte sich die Graben mit Todten aus, um einen Weg zu haben, dem Feinde nachsetzen zu können. So bald sie der Verschanzungen sich bemeistert hatten, welches viel Blut kostete, so schnitten sie dem Feinde die Brücke ab, und ließen alles, was ihnen in den Weg kam, über die Klinge springen. Sie machten daher auch keine Gefangene, als die sich unter den Todten befanden, oder sich unter die Schiffbrücke versteckt hatten. Höchstens tausend Mann, die schon zur Bedeckung des Großherrn über dem Fluß drüben waren, kamen ganz unbeschädigt davon. Das Treffen endigte sich mit Untergang der Sonne.

§. 7.

Der Großherr flüchtete sich gleich nach dem Treffen in seine Staaten. Der Großvezier

zier verlohr bey Zenta sein Leben, und Tököli alle noch übriggebliebene Hoffnung, seinen Ehrgeiz einst gekrönt zu sehen. Dieses Treffen gab der Pforte den heftigsten Sporn zum Frieden. Frankreich neigte sich auch zur Ruhe, um so weniger hatte die Pforte Hoffnung, in einem nächsten Feldzuge mehr auszurichten. Prinz Eugen machte sich die allgemeine Verwirrung des Feindes trefflich zu Nutze, er fiel in Bosnien ein, und plünderte und verheerte die Hauptstadt Saraglio, woselbst die kaiserliche Armee große Reichthümer fand.

§. 8.

Die Thronfolge von Spanien, die Frankreich zum Frieden mit dem Kaiserhause vermochte, war auch der Grund, warum der Kaiserhof Friede mit der Pforte schloß. — Auch die Zwistigkeiten in Pohlen trugen vieles dazu bey. Dies war die Ursache, warum beyde Partheyen für dieses Jahr im Felde beynähe ganz unthätig waren, aber das für im Kabinette destomehr arbeiteten.

1698.

§. 9.

Bey den ersten Verhandlungen verlangte die Pforte Siebenbürgen wieder zurück; allein

der

der Kaiserhof erwiederte gleich dagegen, daß dieses eine ganz unmögliche Sache wäre. Die englischen und holländischen Botschafter arbeiteten mit Mauro Cordato, dem ersten Dollmetscher des Großherrn, gemeinschaftlich für das Beste des Kaiserhofs.

§. 10.

Im Jahr 1699 im Monat May wurde endlich zu Carlowitz der Friede zwischen der Pforte und dem Kaiserhofe geschlossen, durch welchen der Kaiser die Provinz Siebenbürgen nebst andern Vortheilen wieder zurück erhielt.

1699.

Leben des Fürsten
Franziskus Rakotzy.

Erster Abschnitt.

§. II.

Zu einer Zeit, da Ungarn das Ungemach einer immerwährenden Gährung duldete, und unter der Geisel bürgerlicher Unruhen blutete, wurde Franziskus Rakotzy, der zweyte dieses Namens, im Jahre 1676 zu Borshi, einem der Familie gehörigen, unweit der Festung Patak gelegenen Landsitze, gebohren. Sein Vater war Friedrich Rakotzy, und seine Mutter, Helena gebohrne Gräfin von Srini, Tochter des unglücklichen enthaupteten Grafen dieses Namens. Sein Bruder, Franz der I. starb in seiner zarten Kindheit. Sonst hatte er noch eine Schwester, Namens Juliane, die 4 Jahre älter war.

1676.

Kaum

Kaum hatte er den fünften Monat seines Alters erreicht, als ihm sein Vater starb, dessen Verlust in Rücksicht der damaligen traurigen Lage der Sachen wirklich für ihn und die ganze Familie unbeschreiblich groß war. Die verwittwete Fürstin sah sich in den beyden Schlössern Patak und Makowitza mit ihren beyden Kindern nicht sicher genug, und zog nach Munkatsch, woselbst die Kaiserlichen der Fürstin Sophie Bathori, verwittweten Fürstin des Georg Rakotzy des zweyten, die unumschränkte Herrschaft überlassen hatten; so wie sie auch den Wittwensitz Bathori ungekränkt ihr ließen, weil die Anhänglichkeit und der Enthusiasmus dieser Dame für den Kaiserhof ihnen nur allzuwohl bekannt war. Allein sie überlebte ihren Sohn nur einige Jahre, und machte durch ihren Tod die Fürstin Helena iu Munkatsch und den übrigen Gütern zur regierenden Frau.

§. 12.

Franziskus, Fürst von Rakotzy, war ein Mensch von der glücklichsten Bildung, sein Wuchs schlank und majestätisch, sein Gesicht voll und rund, sein Auge feurig; sein Haar schwarz, wie sein Bart, der ihm in spätern

Jahren, weil er ihn an der Oberlippe wachsen ließ, ein furchtbares und doch dabey einnehmendes Ansehen gab. Er war mit allen Geistesgaben, Klugheit, Vorsicht, Großmuth und Höflichkeit ausgerüstet, die einen Mann von seinem Stande zieren — war Soldat und Staatsmann zugleich — hielt sein Wort, wie es ein Edelmann halten muß, und war in seinen einmal gefaßten Entschlüssen unerschütterlich. Seine verwittwete Fürstin Mutter heirathete einige Zeit darauf den Grafen Emerich von Tököli, der in Ungarn, Pohlen und Deutschland Güter besaß, die mehr als 200000 Gulden Einkünfte abwarfen. Dieser Mann, der ein wahrer Ball des Glücks war, bald seine Feinde umher fürchten machte, bald wieder von seinen Freunden, den Muselmännern, in Ketten und Banden nach Konstantinopel geführt wurde, pflanzte schon den Geist der Unruhe in das zarte Herz des jungen Fürsten, der ihn nachher berühmt und furchtbar machte.

§. 13.

Die gefährlichen Händel, in die sein Stiefvater, Graf Tököli verwickelt war, machten, daß er schon in seiner zarten Kindheit unzähliche

che Gefahren ausstehen mußte. Er sah sich genöthigt mit seinem Ziehvater bald da, bald dorthin, sich zu flüchten, wobey er der rauhesten Jahreswitterung ausgesetzt war, und oft dabey noch obendrein Noth und Elend leiden mußte. — Allein er bestand durch die Festigkeit seiner Gesundheit alle diese Gefahren glücklich, und errang sich noch dadurch den Vortheil, seinen Körper abgehärtet zu haben, um allem körperlichen Ungemache Trotz bieten zu können.

§. 14.

1635.

Nach den unglücklichen Schlachten bey Wien und Parkany war Tököli nicht mehr im Stande, das freye Feld zu behaupten, und verschloß sich in die Festung Munkatsch; weil er sich hier aber auch nicht gar zu sicher glaubte, so retirirte er sich nach Großwardein, das damals den Türken gehörte. Allein er konnte sich unter den Muselmännern eben so wenig sicher halten, weil er mit den Baschas und andern Officieren, die ihm im Felde untergeordnet waren, ziemlich stolz und herrisch verfahren war. — Auch wußte er gar wohl, daß ihn der Großvezier schon bey dem

dem Divan verklagt hatte, weil er während
der Belagerung von Wien jenem nicht zu Hülfe geeilet war. Um sich also bey dem Großherrn zu rechtfertigen und sicher zu stellen, so
beschloß er seinen Sohn, Franziskus Rakotzy
als Geißel, der Pforte zum Unterpfand seiner
Treue zu senden. Schon war die Abreise desselben festgesetzt; allein bey dem Abschied that
die Mutter mit weinenden Augen die kräftigsten
Gegenvorstellungen, daß er das unschuldige
Kind im neunten Jahre seines Alters nicht so
augenscheinlicher Lebensgefahr bloßstellen sollte,
und brachte es wirklich dahin, daß er sein Projekt fahren ließ.

§. 15.

Nach der Uebergabe von Munkatsch kam
die Mutter mit den beyden Kindern in die Hände des Kaisers. Dem Cardinale Kollonitsch
wurde die Vormundschaft über die Prinzeßin
und den Prinzen aufgetragen. Und an dem
nehmlichen Abend, da sie ankamen, wurden sie
in seinem Wagen zu ihm abgeholt. — Der
Cardinal begleitete die Prinzeßin in das Kloster
zu den Urselinerinnen, den Prinzen Franz aber
in ein anderes Privathaus. Dort blieb er 3
Tage,

Tage, sodann aber mußte er von seiner Mutter Abschied nehmen, weil der Cardinal ihn in Böhmen wollte erziehen lassen, woselbst er fünf Jahre unter der Aufsicht der Jesuiten, theils im Städtchen Neuhaus, theils in Prag war.

§. 16.

Die Prinzeßin war kaum mannbar geworben, als schon verschiedene der angesehensten Freyer, theils ihres Vermögens, theils ihrer persönlichen Eigenschaften wegen, sich um sie bewarben; allein Kardinal Kollonitsch wies einen wie den andern ab. Als aber dieser kurz darauf, wegen der Wahl Alexanders des VIII. zum römischen Pabste, nach Rom ins Conclave reisen mußte, so benutzte Graf Aspermont Reckheim, Generalkommandant von Oberungarn, den günstigen Augenblick. Er wandte sich geradesweges an den Kaiser, hielt um die Prinzeßin an, und erhielt auch die Erlaubniß, sich mit ihr vermählen zu dürfen, wenn anders die Prinzeßin selbst, oder die Fürstin, ihre Mutter, nichts dagegen haben würde.

§. 17

Diese Vermählung half auch dem Prinzen Franz aus dem Schulstaube der Jesuiten zu Prag. — Er kam auf Erlaubniß des Kaisers, welche der Graf Aspermont durch den ersten kaiserlichen Minister Stratmann bewürkt hatte, nach Wien. — Der Kardinal glaubte wenigstens noch die Verwaltung seiner Güter vom Prinzen erhalten zu können, allein der Graf Aspermont und seine Gemahlin wußten auch dieses zu vereiteln: der Kardinal wurde der Vormundschaft überhoben, und der junge Prinz trat die Verwaltung seiner Domainen selbst an. Doch brachte es der Kardinal Kollonitsch unter der Hand so weit, und vermochte den Kaiser dahin, den Prinzen nach Italien zu schicken, weil er sich sichere Rechnung machte, unter dieser Zeit die Vormundschaft verwalten zu dürfen. Allein das gieng auch nicht so, wie er dachte. — Der junge Prinz übergab die Aufsicht seiner Güter seiner Schwester, und dem Grafen Bathyany, Schwager des Ministers Stratmann. Vor seiner Abreise nach Italien wurde ihm auch noch eine Vermählung mit der Prinzeßin Magdalena von Darmstadt vorgeschlagen; er schien so ziem-

1693.

ziemlich damit zufrieden zu seyn; allein das, obschon, wie sich's später zeigte, ungegründete Gerücht von derselben Tode, machte durch diesen Plan einen Strich.

§. 18.

Diese Reise dauerte nur ein Jahr, und gleich bey seiner Rückkunft wurde ihm die Prinzeßin von Hessen Rheinfels zur Ehe vorgeschlagen. Er reiste nach Kölln, um seine Braut kennen zu lernen, woselbst Karl von Hessen Rheinfels, ihr Vater, und die Landgräfin Alexandrina von Leiningen, ihre Mutter, waren. Allein sein Vorwand war: er wünschte zur kaiserlichen Armee zu gehen, die unter dem Kommando des Prinzen Ludwigs von Baden am Rhein stand; ob gleich dies nur eine Nebenursache war. Prinz Ludwig von Baden empfieng ihn mit ausgezeichneter Achtung, doch nahm ihn die Vermählung, die er wirklich den 25. September 1694 mit eben genannter Prinzeßin vollzog, viel Zeit weg, um die zweyte Absicht seiner Reise erfüllen zu können. Der Kaiserhof war sehr ungehalten darüber, daß er die Verbindung ohne sein Wissen vollzog, weil derselbe ihm eine andere Parthie jugedacht hatte. Allein er wandte vor, daß der Kaiser selbst ihn vor einem Jahr für majoren erklärt hätte, und es seine Absicht gar nicht gewesen wäre, den Kaiserhof dadurch zu beleidigen.

§. 19.

Kurze Zeit darauf begab sich der Fürst, der nun sein eigener Herr geworden war, auf seine Güter nach Ungarn, und lebte so ziemlich ruhig und zufrieden; ungeachtet er immer auf seiner Hut seyn mußte, um den Schlingen zu entgehen, die man ihm legte. Man hatte ihn in Verdacht, als ob er mit seiner Mutter, die sich damals in Constantinopel befand, in geheimer Verbindung stünde.

1695.

§. 20.

Um diese Zeit herum fiengen einige seiner Unterthanen an, gegen die Bedrückungen verschiedener Garnisonen aufzustehen, und ihre Thätlichkeiten zu erwiedern. Allein sie wagten es nicht, ihren Fürsten zum Theilnehmer ihres Aufruhrs zu machen; weil sie gar wohl wusten, daß er aus Politik für die Sache des Kaiserhofes

hofes eingenommen war. Vielleicht hätte auch die Erklärung des Fürsten in damaliger Lage ganz Ungarn abermals unter Waffen gebracht. Einige deutsche Regimenter rückten unter Anführung des Prinzen Thomas von Vaudemont gegen diese rebellische Bauern, und verheerten bey dieser Gelegenheit die Festung Patack, welche die Residenz des Fürsten Rakoßy war. — Dieser war unter der Zeit nach Wien gegangen, um dem Kaiserhof zu zeigen, daß er an diesen Unruhen keinen Antheil habe. Als er aber hörte, daß der Schauplatz der Unruhe in seiner Residenz wäre, so nahm er vom Kaiserhofe Urlaub. Zu Kaschau erfuhr er vom General Migrelli, daß er von seinen Feinden zu befahren hätte, arretirt und ausgeplündert zu werden. Er nahm alsobald den Weg nach Wien zurück, wo er vom Grafen Marsigli die nehmliche Nachricht hörte.

§. 21.

Zur nehmlichen Zeit fiel der junge Apaffi, den der Kaiserhof bisher aus allen Kräften geschützt hatte, in Ungnade; weil er ohne Wissen des Kaisers sich vermählt hatte. Doch brachte ihm Graf Kinsky bey guter Zeit noch

1696.

noch die Ursache dieser Ungnade bey; weil der Kaiserhof argwohnete, hinter seiner geheimen Vermählung könnte eine eben so geheime Verbindung mit den Feinden des Kaiserhofes verborgen liegen. Apaffi suchte den Fehler, den er blos aus Uebereilung begieng, dadurch wieder gut zu machen, daß er seine Besitzungen in Siebenbürgen gegen den Titel eines Reichsfürsten und den damit verbundenen Ländereyen in der Nachbarschaft von Wien vertauschte.

§. 22.

Fürst Rakotzy bediente sich des nehmlichen Kunstgriffes, um sich die Gnade des Kaisers wieder zu erwerben. Er ließ dem Kaiser durch den Beichtvater desselben, Pater Managretti den Vorschlag thun, er wollte seine Güter in Ungarn an das Haus Oesterreich gegen ein eben so einträgliches in den österreichischen Staaten gelegenes Land vertauschen. Allein sein Vorschlag wurde nicht angenommen.

§. 23.

Um diese Zeit herum wurde Fürst Rakotzy mit einem gewissen Lieutenant Longueval bekannt, der aus Lüttich gebürtig war, 1697.

war, und bey dem Prinz Ludwig von Badenschen Regimente in Epperies stand. Dieser besuchte mit dem Stadtcommandanten von Epperies den Fürsten öfters auf seinem Schlosse zu Sarosch, das 3 viertel Meilen von dieser Stadt entfernt liegt. Der Fürst liebte die französische Sprache sehr, die dieser Longueval ausnehmend schön sprach, war auch überdieß noch sehr für ihn eingenommen, weil er sehr viel Lectüre und Lebensart besaß — kurz — Longueval war bey dem Fürsten wie zu Hause. Er besuchte mit Erlaubniß seiner Befehlshaber täglich den Hof des Fürsten, und erhielt kurze Zeit darauf die Erlaubniß vom Regimente, eine Urlaubreise nach Lüttich zu seinen Angehörigen thun zu dürfen. Drey Monate nachher, als der Fürst gerade von Munkatsch nach Sarosch gegangen, um seine kranke Gemahlin zu besuchen, so erhielt er von seiner Schwester die Nachricht: Longueval wäre zu Linz in Verhaft genommen worden, man hätte bey ihm verschiedene Briefe verfänglichen Inhalts von bedeutenden Personen in Ungarn gefunden, von welchen er einen verschluckt hätte, ohne daß man es hätte hindern können. — Diese Nachricht machte auf den Fürsten Rakozy vielen

len Eindruck, doch dachte er nicht daran, sich auf einen bevorstehenden Sturm gefaßt zu machen; indem er sich damals gar leicht nach Pohlen hätte sichern können, weil er nur 8 Meilen von der Gränze weg war. Den nehmlichen Abend noch hörte er mit der nehmlichen Gefaßtheit die Ankunft des Generals Solari zu Epperies. Solari kam mit der Vollmacht, den Fürsten in Verhaft zu nehmen; doch wollte er sich diesem verdrüßlichen Geschäffte nicht selbst unterziehen, weil ihm die Mutter des Fürsten seine Gefangenschaft zu Constantinopel in den 7 Thürmen durch ihr Vorwort und Hülfe sehr erleichtert hatte. — Er übertrug dieß Geschäffte zwey Hauptleuten, die um Mitternacht mit starker Bedeckung nach Sarosch kamen. Sie sagten dem Fürsten: daß sie vom Kaiser mit dem Befehle abgefertigt worden wären, ihn in Verhaft zu nehmen. Fürst Rakotzy sahe wohl ein, daß bey dieser Lage der Sachen Gewalt nicht anwendbar wäre, sagte: er würde sich in die Macht des Kaisers gelassen ergeben, und verlangte nur zu wissen, was man mit ihm vorhätte. — Die Hauptleute meldeten ihm, daß sie befehligt wären, ihn nach Epperies zu begleiten, daß er sich aber dahin seines eigenen

Wagens

Wagens bedienen könnte. Ueberhaupt begegneten ihm die beyden Hauptleute mit der möglichsten Achtung, und erlaubten ihm, auf der Stelle einen Vertrauten als Staffete nach Wien abgehen zu lassen, um durch seine Freunde den Kaiser zu seinem Besten wieder zu gewinnen. Er wählte sich den Grafen Bertscheny dazu. Zwischen Preßburg und Tyrnau traf dieser ebenfalls einen Courier, den Baron Sirmay in gleicher Angelegenheit für sich nach Wien abgesandt hatte, und erfuhr von ihm, daß dieser Baron Sirmay, der des Grafen Tököli Vertrauter war, in der nehmlichen Nacht eine Meile von Sarosch ebenfalls in Verhaft genommen worden wäre. Bertscheny hielt nun fürs klügste, von Wien wegzubleiben, machte sich auf den Weg nach seinem Schlosse Brunock, durchstrich einige Tage durch die benachbarten Gegenden, und entdeckte noch zu rechter Zeit die Ankunft des General Uhlefeld, der mit einer starken Bedeckung ihn aufzuheben kam. Er hielt nun fürs sicherste, Ungarn zu verlassen, und entkam glücklich mit 5 seiner vertrautesten Leute nach Pohlen. — Sirmay, ein alter Vertrauter Tökölis, Adam Vay, und 2 seiner Brüder, alle 3 Reformirte, und Paul Ocko-
lischa-

lischanz, ein Lutherauer wurden, ihrer feindseligen Gesinnungen gegen den Kaiserhof wegen, in Verhaft genommen.

§. 24.

Fürst Rakotzy war noch bey dem General Solari in Epperies. — Er hatte den Befehl, ihn nun nach Wien zu bringen, aber unterwegs noch erhielt er Gegenordre vom Kaiserhof, und begleitete ihn nach Neustadt. Dort wurde er in einem der kaiserlichen Gebäude verwahrt. Nach einem Arreste von 6 Wochen schickte der Kaiser den Obristhofkanzler, Grafen Buccalini, und den Hofkriegsrathreferenten Eueler ab, um die Sache des Fürsten zu untersuchen. Bey dem ersten Verhör erklärte er, daß er als Reichsfürst und ungarischer Magnat nur vor diesen beyden competenten Richterstühlen antworten dürfte, daß er aber doch, um dem Kaiser seine Ergebenheit zu bezeigen, auch Ihnen antworten wollte; ob er gleich von Ihnen keinen richterlichen Ausspruch annehmen würde. Er erstaunte, als er den Morgen drauf bey dem angestellten Verhör den Lieutenaut Longueval als seinen Ankläger erblickte, welcher ganz bleich wurde, als er den Mann vor sich sah,

ſah, der ihm ſo viel Wohlthaten erwieſen hatte, und nun ſo niederträchtig belohnt wurde. Als er alle ſeine Anklagen mit einem Eide bekräftigen wollte, ſo redete der Fürſt ihn mit feſtem Tone an und ſagte: daß er ihm ſeinen Undank vergäbe, und alle die Beſchuldigungen nicht achtete, die er ſeiner Perſon zur Laſt gelegt hätte; aber das unmöglich ohne gerechten Unwillen ertragen könnte, daß er andere, ganz unſchuldige Männer unglücklich zu machen ſuchte. Denn Longueval hatte den Baron Sirmay, die 3 Brüder Vay, den Okolitſchani, und mehrere angegeben, die er weder beym Fürſten Rakozy geſehen, oder doch nicht perſönlich hatte kennen lernen.

§. 25.

Der Grund der Anklage war: „Daß der Fürſt bey Gelegenheit des Krieges mit Frankreich hätte im Trüben fiſchen wollen; er hätte daher dieſen Longueval mit geheimen Aufträgen an Ludwig den XIV. geſchickt, und ihm mündliche und ſchriftliche Aufträge in dieſer Sache anvertraut." Longueval gieng aber vorher heimlich nach Wien, nahm Audienz beym Kaiſer, benachrichtigte ihn von ſeinen Aufträ-

C gen,

gen, und zeigte die erhaltenen Briefe vor Nach den in solchen Fällen nöthigen Vorsichtsregeln schickte man ihn nach Frankreich; er entlud sich dorten seiner geheimen Aufträge, unterrichtete sich in den Maasregeln, die zu nehmen wären, um den entworfenen Plan auszuführen, und kam mit Briefen an den Fürsten Rakotzy zurück, welche die angeregten Beschuldigungen so ziemlich zu bekräftigen schienen.

§. 26.

Der Fürst Rakotzy gäb sich in seinem Arreste alle mögliche Mühe, den Kaiser von seiner Unschuld zu überzeugen. Er schrieb 3 Briefe an denselben: „worinnen er sich über die Stren„ge beklagte, mit der er behandelt worden wä„re; über den Longueval seine Verachtung äus„serte, der seine Wohlthaten mit so schwarzem „Undank belohnt hätte; daß er durch sein Un„erbieten, seine Güter vertauschen zu wollen, „hinlänglich seine Neigung zu Ruhe und Frie„de an Tag gelegt hätte, daß er sich keiner „Handlung schuldig wüßte, die der Ruhe des „Landes, und der Würde des Kaisers nach„theilig seyn könnte." Allein, er bewürkte nichts dadurch. — Einige Tage drauf kam

der

der Burgemeister von Neustadt mit dem Klaglibell zu ihm, über welches er sich rechtfertigen sollte; er deutete ihm an, daß dieses innerhalb 30 Tagen geschehen müßte, weil er, im Fall es nicht geschehen sollte, in contumaciam verurtheilt werden würde. Allein er nahm es gar nicht an, und sagte: daß er eher Blut und Leben lassen, als zugeben würde, sich von einem andern, als für ihn competenten Gericht, richten zu lassen. Der Burgemeister kam den folgenden Tag abermals, und sagte: daß er Befehl hätte, das Libell auf seiner Tafel liegen zu lassen, wenn ers nicht ihm abnehmen würde. Der Fürst erwiederte: er würde ihn niemals hindern, seiner Pflicht als Unterthan Genüge zu leisten. Jener legte es also auf den Tisch nieder, und Fürst Rakotzy machte mit einem Bleystift einen Kreis drum herum, und sagte ihm, daß ers aus demselben gewiß nicht rücken würde.

§. 27.

Doch fand Fürst Rakotzy nach reiferer Ueberlegung der Sache für gut, zur List seine Zuflucht zu nehmen, und sich zu verstellen. Auch im größten Unglück verlohr er seine Geisteskraft und Gegenwart nicht. Er stellte sich, als ob er gar nicht mehr daran zweifelte, sein Leben im Arreste beschließen zu müssen, und sagte, daß er in diesem Falle weder seines kostbaren Geräthes noch seiner Equipage mehr bedürfte. Er ließ dies alles verkaufen, um seine Beobachter sicher zu machen und baares Geld in die Hände zu kriegen. Seine Gemahlin ließ ihm auch schon einige Wochen vorher durch einen kaiserlichen Trabanten, der einst in des Fürsten Rakotzy Diensten gestanden war, die tröstende Nachricht zubringen, daß die Gesandten Wilhelms, Königs von England, des Königs von Preußen, und des Churfürsten von Maynz im Namen ihrer Souverains so viel als möglich an seiner Befreyung arbeiteten. Weil aber dieser Trabante nicht geradezu selbst zu ihm kommen konnte, so vertraute er sein Geheimniß dem Kapitain Lehmann vom Regimente Kastellian, der mit einer Bedeckung von Dragonern gerade die Wache bey dem Fürsten hatte. Dieser Officier, der ein Edelmann und preußischer Unterthan war, hoffte, weil ohnedies sein König sich für die Sache interesirte, für diesen wichtigen Dienst von dem Fürsten eine reichliche Belohnung zu erhaschen, und entschloß sich, für

seine

seine Befreyung zu sorgen. Er entdeckte dem Fürsten seine Gesinnung, und verschafte ihm in Geheim das Nöthige, an die Fürstin schreiben zu können; besorgte auch ihre Antworten zu seinen Händen. — Mit jedem Tage vermehrte sich seine Anhänglichkeit für ihn, besonders da er sah, daß der Fürst durch die Niederträchtigkeit des undankbaren Longueval in dies Unglück gekommen war. Fürst Rakotzy vertraute erst nach mehrern unverkennbaren Proben seiner Treue auf ihn; doch war das Wagestück mit außerordentlich vieler Gefahr verbunden. Denn an seiner Zimmerthüre stand eine Wache, vor welcher der Arrestant nothwendig vorbey mußte, wenn er in das Zimmer des Kapitains Lehmann kommen wollte. Um dies Hinderniß aus dem Wege zu räumen, befahl in der Abenddämmerung Kapitain Lehmann der Wache, die den Posten hatte, daß sie Licht holen sollte. Weil sich aber diese entschuldigte, daß sie ihren Posten nicht verlassen dürfte, so sagte er: geh auf meine Verantwortung; ich werde statt deiner die Wache halten. Indessen daß der Soldat, Licht zu holen, gieng, verließ der Fürst seinen Arrest, und gieng in das Zimmer des Kapitains, woselbst schon Lehmanns

C 3 Bru-

Bruder war, der als Kornett beym Regimente Montekukuli stand. Der Fürst verkleidete sich als Reiter von diesem Regimente, setzte einen Hut auf, nahm einen Reitermantel um, und folgte dem Kornett durch alle die Wachen, welche vor den Gefängnissen durch die ganze Gallerie hindurch ausgestellt waren. Von da führte er ihn zu einer armen Wittwe, woselbst Lehmann bereits ohne ihr Wissen ein Pferd für den Fürsten eingestellt hatte; die andern warteten seiner in einem Hause der Vorstadt. Als er zu Pferde war, konnte er sich der Dämmerung wegen, in den Straßen nicht recht auskennen — er ritt nach der Kreuz und der Quere — der Abend brach herein, und die Stunde zum gewöhnlichen Thorschluß war nicht mehr fern. Um einen schicklichen Vorwand zu haben, nach dem rechten Thore fragen zu können, näherte er sich der Schloßwache. Doch der Kornett bemerkte ihn sogleich, und deutete ihm durch Winken den Weg an, den er zu machen hätte; — und kam gerade hin, als die Bürgerwache die Schranken schließen wollte. Der Officier fragte ihn, ob er nicht vom Regimente Montekukuli wäre, und sagte ihm, daß sein Officier, (dieß war der Page des Fürsten, der in gleicher Verkleidung

dung schon voraus war) hinterlassen hätte: er möchte so sehr als möglich seinen Ritt beschleunigen. Dies geschah den 7. November, 1701.

§. 28.

Kurze Zeit nach seiner Entfliehung stellte der Kaiserhof von selbst die übrigen Eingezogenen auf freyen Fuß. Die drey Brüder Vay wurden gegen Caution entlassen; Baron Sirmay und Okolitschani aber, welche in Wien gefangen saßen, wurden vom Wiener Hofe nachher noch zu sehr wichtigen Geschäfften gebraucht.

§. 29.

Seine Entfernung wurde erst 4 Stunden hernach bemerkt. Man fand in dem Zimmer, wo er gefangen saß, zwey Briefe, wovon der eine an Sr. Majestät den Kaiser, der andere an die Kaiserin gerichtet war. Er beklagte sich in dem Briefe an den Kaiser: „Daß man seine „Feinde zu seinen Richtern ausersehen hätte, „daß er gar wohl wüßte, daß dies alles nicht „der Wille Sr. Majestät des Kaisers wäre, „daß er dessen Gerechtigkeitsliebe und Gnade „sehr wohl kennte, und daß er willig als ein

E 4 „ge-

„getreuer Unterthan unter salvo conductu seine
„Unschuld persönlich ausführlicher beweisen
„würden." In dem Briefe an die Kaiserin bittet er um die Interceßion für ihn bey dem Kaiser. —

§. 30.

Uebrigens hatte Fürst Rakotzy die Anstalten zur Flucht sicher und gut getroffen. In der Vorstadt von Neustadt waren drey Pferde in Bereitschaft, eins für ihn, das andere für seinen Kammerdiener, und das dritte für den Pagen, der einen Officier vorstellte. Er nahm eiligst den Weg über Raab zu, paßirte die Donau, und nahm dann, ohne erkannt zu werden, neue Postpferde. Von da nahm er durch Oberungarn den geraden Weg nach Pohlen, wo er sehr freundschaftlich aufgenommen wurde. —

§. 31.

Der Gouverneur von Neustadt berichtete diesen Vorfall eiligst nach Wien, ließ, obgleich zu spät, die Thore sperren, und dem Fürsten nachsetzen; aber er hatte schon einige Stunden zu seinem Vortheile

1701.

theile voraus. Doch war er selbst in Pohlen vor den geheimen Nachstellungen einiger Feinde, die am Kaiserhofe an seinem Untergange arbeiteten, weil sie von seinen Gütern etwas zu erwischen dachten, nicht ganz sicher. Bey dem Palatinus Beels genoß er eine sehr freundschaftliche Aufnahme. — Er eilte nach Warschau, und fand den Hof des Königs von Pohlen in einer ganz andern Stimmung, als er sich vermuthet hatte. Er hatte während seinem Arreste in Neustadt durch seine Gemahlin erfahren, daß Graf Bertschenzi sich in den Schutz des Königs von Pohlen begeben, und ausgezeichnete Beweise seiner Gnade erhalten hätte; und hoffte ein gleiches. — Weil er in dem Lande noch ganz fremde war, so gab er sich für einen Franzosen aus, nahm in dem abgelegensten Winkel der Vorstadt Quartier, und erkundigte sich nach einem französischen Priester. Man führte ihn Abends zu den Vätern vom heiligen Kreuz, Mißionairen von St. Lazarus. Dort erkundigte er sich um den Beichtvater des französischen Gesandten, und bat ihn, den Minister zu bereden, er möchte sich zu ihm bemühen, weil er ihm Dinge von Wichtigkeit zu entdecken hätte. Marquis d'Heron besuchte ihn sogleich, war aber äußerst vorsichtig, weil er noch nicht überzeugt seyn konnte, daß er wirklich Fürst Rakotzy wäre. Der Fürst erkundigte sich angelegentlich um des Grafen Bertschenzi Aufenthalt, und hörte mit Erstaunen, daß er zwar anfangs gut aufgenommen, aber am Ende doch durch einige Minister des Königs verrätherisch behandelt worden wäre. Er rieth ihm zugleich sehr auf seiner Hut zu seyn, wenn er Rakotzy wäre, und versprach ihm morgen Nachricht von dem Grafen Bertschenzi zu geben. Dieser war in dem nehmlichen Hause verborgen, aber der Minister wollte sich mit einer so kitzlichen Entdeckung nicht übereilen. Den folgenden Morgen kam der Fürst wieder, dem Grafen ward schon gesagt, er möchte am Fenster lauern, und sehen, ob es wirklich Rakotzy wäre. Allein er war nicht im Stande, ihn in der Geschwindigkeit sogleich zu erkennen.

§. 32.

Man hielt also fürs beste, den Fürsten in einen Saal zu führen, in welchem er von dem Grafen Bertschenzi heimlich beobachtet werden könnte. Ein französischer Geistlicher, Namens Montmejan, unterhielt sich mit demselben, und ließ

ließ den Fürsten aus einigen abgebrochenen Reden abnehmen, daß er wüßte, wo der Graf sich aufhielt, aber seinen Reden, daß er Fürst Rakoßy wäre, noch nicht hinlänglichen Glauben beymessen könnte. Um alle Zweifel auf einmal zu heben, zog der Fürst sein Petschaft heraus, gab es dem Geistlichen, und bat ihn, es dem Grafen Bertschenzi sehen zu lassen, ob er es erkennen würde. Auf dieses so untrügliche Kennzeichen trat der Graf plötzlich heraus, und fiel dem Fürsten um den Hals; welcher sogleich sich vornahm, die Nacht über in des Grafen Bertschenzi Zelle zuzubringen, um so bald als möglich alle die Begebenheiten zu hören, die sich während seiner Gefangenschaft mit ihm ereignet hatten.

§. 33.

Graf Bertschenzi war, wie schon oben erzählt wurde, mit genauer Noth 1701. den Verhaftsanstalten des Generals Uhlefeld entronnen, flüchtete sich durch den Paß von Zaolna nach Pohlen, und kam unter dem Scheine, seine Andacht zu verrichten, nach dem Calvariberg, welches ein allgemein bekannter nahe an der Gränze gelegener Erbauungsort ist.

Die

Die Franziskanerväter nahmen ihn auf, ohne zu wissen, wer er sey; doch, als er sich ihnen zu erkennen gab, führten sie ihn zum Obristen der Truppen der Republik, Viklum, aus der Familie der Meteinsky, dem Bruder des Starosten Viklum; dieser, als ein Mann von wenig Vermögen, konnte ihn nicht bey sich behalten, und brachte ihn zu seinem Bruder. Dieser reiche und angesehene Edelmann nahm ihn sehr freundschaftlich auf, und empfahl ihn dem damals regierenden König August, der schon mit dem Projekte schwanger gieng, dem König von Schweden, Karl dem zwölften, den Krieg anzukündigen. Dieser nahm ihn ebenfalls sehr gnädig auf, nahm Theil an seinen Planen, und wies ihm zu seinem Unterhalte einige Ländereyen in Litthauen an.

§. 34.

Der Marquis d' Heron stand damals sehr in der Gnade der Königs; 1701. er brachte ihn von der Belagerung von Riga ab, und that sein möglichstes ihn für das Interesse seines Hofes zu wenden. Beichling, erster Minister des Königs, war äußerst dagegen, und gab sich alle mögliche Mühe, ob er gleich äußer-

äußerlich viele Freundschaft gegen den Grafen Bertschenzi zeigte, denselben vom König zu entfernen, und ihn zu vermögen, den Grafen dem kaiserlichen Gesandten auszuliefern. Beichling machte auch dem Bertschenzi glauben, daß wirklich ein Gesandter des Grafen Tököli zu Eschenstochow wäre; daß man ihn aber nicht nach Hofe kommen ließ, um die Sache desto geheimer zu halten, daß es sehr gut wäre, wenn der Graf dahin reisen würde, um sich mit ihm zu besprechen, daß er ihm dazu seinen eigenen Wagen, und einen königlichen Commissair zur Begleitung geben würde. Bertschenzi glaubte ihm aufs Wort, und nahm nur drey seiner Bedienten mit. In dem Gehölze bey Petrikow wurden sie von pohlnischen Reitern angegriffen, deren Anführer deutsch gekleidet war. — Einer seiner Bedienten wurde nieder geschossen, die andern beyden waren aus Bestürzung nicht im Stande, sich zu wehren. Der Officier Brückner stieg mit einigen seiner Leute ab, um sich des Grafen zu bemächtigen. Ganz gelassen öffnete der königliche Commissair den Kutschenschlag, stieg heraus, und Brückner griff hinein, nahm den Grafen bey der Hand, und ließ eine ungedeckte Chaise herbey bringen, worinn der

Graf

Graf weiter gebracht werden sollte. In diesem Augenblick ersah der Graf seinen Vortheil, machte seine rechte Hand los, reichte ihm die linke, und griff mit der rechten nach einer Sackpistole, warf den Officier über den Kutschentritt hinunter, sprang auf der andern Seite hinaus, schwang sich auf das Pferd seines eben erschossenen Bedienten, und jagte ins dickste Gehölze hinein, bis er in ein Dorf kam, wo ein gutherziger Geistlicher ihn in den Kirchthurm versteckte. Seine Verfolger waren gleich hinter ihm her, und umringten die Kirche, aber der Geistliche gab ihn doch nicht heraus, weil ihm der Graf bereits einiges Geld gegeben, und Hoffnung zu einer noch größern Belohnung gemacht hatte. Die Soldaten befürchteten, der Pfarrer möchte etwa die Bauern gegen sie aufhetzen, und standen von fernern Gewaltthätigkeiten ab. Den folgenden Morgen führte Bertschenzi seinen Pfarrer, als Kutscher verkleidet, in ein Priesterhaus, von wo aus er in der nehmlichen Kleidung glücklich Warschau erreichte, wo ihn Marquis d'Heron in das Kloster zum heiligen Kreuz unter die Aufsicht des Paters Montmejan brachte, welcher ihn in eine Zelle verbarg, und ohne Wissen der übrigen

täg-

täglich selbst den Unterhalt reichte. Dies letzte geschah zu der nehmlichen Zeit, als der Fürst Rakotzy von Krakau nach Warschau reiste, so daß der Graf Bertschenzi erst wenig Tage in diesem Kloster war. Von dem Kloster zum heiligen Kreuz aus machte sich Fürst Rakotzy nach dem Schlosse Minsk, welches dem Starosten von Viklum gehörte.

§. 35.

Im Jahr 1701 und 1702 schien Frankreich einiges Uebergewicht im Kriegsglück vor dem Hause Oesterreich errungen zu haben, vielleicht weil der König von Schweden, als alter Bundsgenosse von Farnkreich und dem Rakotzyschen Stamme, gegen Pohlen sehr glücklich war. Dies veranlaste den Fürsten Rakotzy, wieder nach Ungarn zurück zu kehren.

§. 36.

Nach seiner Entweichung aus Neustadt wurde seine Gemahlin in sichere Verwahrung gebracht; weil man sie bey den Himmelspfortnerinnen nicht sicher genug glaubte, so mußte sie in das Kloster Tuln unter strenger Aufsicht reisen. Ein gleiches geschah auch auch mit den bey-

beyden Kindern, die sie mit ihm gezeugt hatte, welche dem Bischof von Raab zur Aufsicht übergeben wurden. Eine Nonne, die mit der Fürstin im geheimen Briefwechsel stand, wurde dafür mit ewigem Gefängniß bestraft. Der Postmeister zu Raab wurde, weil er seine Unwissenheit bey Leistung der Postpferde nicht hinlänglich genug rechtfertigen konnte, seines Dienstes entsetzt, und aus den kaiserlichen Staaten verwiesen.

§. 38.

Am schlimmsten aber gieng es dem Hauptmann Lehmann. Er gestand im Verhör ein, daß er für Herbeyschaffung der Dragoneruniform von dem Fürsten Rakotzy ein Geschenk von 500 Dukaten erhalten habe, und das brach ihm vollends den Hals. Er wurde verurtheilt, nach Abhauung der rechten Hand, enthauptet und geviertheilt zu werden, welches auch den 24sten December, 1701 zu Neustadt vollzogen wurde. Der Lieutenant wurde infam cassirt, und sodann des Landes verwiesen.

§. 3.

Fürst Rakotzy hatte von Frankreich aus zu seinem Vortheile nichts zu hoffen, so sehr auch

auch die Marquise d' Heron und de Bonac für sein Bestes arbeiteten. Letzterer hatte ihm bereits einen Geldbeytrag von 15000 Gulden, den er vom Cardinal Radziensky, Primas in Pohlen, borgte, dargeschossen, den Fürst Rakotzy wieder zurückzahlen mußte.

§. 39.

Kaum war er mit dem Grafen Bertschenzi in Ungarn angekommen, als die Mißvergnügten der Nation sogleich Haufenweise ihm zustürzten, und mit einstimmiger Wahl ihn für ihr Oberhaupt erklärten. Dem Fürsten Rakotzy war diese wilde Stimmung der Gemüther zu seinem Vorhaben willkommen; er nahm die Würde, die der tobende Haufe ihm zudachte, mit Freuden an, und schwur ihnen den Eid der Treue, für ihr Bestes zu siegen, oder zu sterben; weil er sah, daß er bey dem Kaiserhofe schon zu schwarz angeschrieben war, als daß er hoffen konnte, jemals wieder in Gnaden zu kommen. Er verließ auch alsobald die evangelisch lutherische Religion, und trat zu der römisch-katholischen Kirche über, wogegen sie ihn zur Dankbarkeit zum Fürsten von Siebenbürgen ausriefen. Er nahm im Junius 1703.

1703 wirklich den Titel eines souverânen Fürsten an, und nahm sich fest vor, sich mit seinem Blute die Würde zu erkämpfen, die seinem Stolze so sehr schmeichelte.

§. 40.

Der Kaiserhof wünschte Friede mit seinen Unterthanen, und schickte den Hammel-Bruinings, Gesandten der vereinigten Niederlande, an den Grafen Bertschenzi, der damals zu Freystadt war; aber der Geist der Zwietracht hatte die Köpfe der Mißvergnügten schon wieder zu sehr verwirrt, als daß Ruhe hätte werden können. Es griffen also beyde Theile wieder zu den Waffen.

Ende des ersten Abschnitts.

Leben des Fürsten
Franz Rakotzy.

Zweyter Abschnitt.

Enthält eine historisch-geographisch-politische Excursion.

§. 11.

Ich halte für nothwendig, einiger der Geographie und Statistik von Ungarn unkundiger Leser wegen, hier einige dahin einschlagende Bemerkungen einzuschalten, und ihnen gleichsam sichtlich den Schauplatz des damaligen Krieges darzustellen. Die Donau theilt Ungarn in zwey Theile; in Ober- und Niederungarn, wovon jenes links, und dieses rechts des Flusses liegt. —

§. 2.

Die Donau ist der einzige Fluß in diesem Lande, der sich ins Meer selbst ergießt. Sie ist der schönste und größte Fluß in ganz Europa, und an einigen Stellen eine halbe, auch wohl eine Meile breit. Das erste wichtige auf der linken Seite ist der Fluß Morawa, welcher Ungarn von Mähren und Oberösterreich trennt, an dessen Ufer Thon, ein unbedeutendes Städtchen liegt. Hauptsächlich merkwürdig ist Preßburg, die Hauptstadt in Niederungarn, und der einzige Ort von Niederungarn, der links des Flusses liegt; es ist 10 Meilen von Wien entfernt. Ober Preßburg theilt die Donau sich in drey Arme und formirt drey Inseln, die mit sehr angenehmem Gehölze versehen sind. Die größte unter diesen ist die bekannte Insel Schütt, welche sich durch einen Arm eben dieses Flusses in zwey Theile, in Groß- und Klein-Schütt theilt. Sie ist zwölf ungarische Meilen lang und fünf Meilen breit. Der rechte Arm strömt durch Altenburg, welches an der Leitra liegt, an welchem weiter oben auch Neustadt, wo der Fürst Rakotzy gefangen saß, gelegen ist. — Unweit dieses Flusses

ses ist der bekannte Neusiedler See, in dessen Nachbarschaft Oedenburg, das ehemalige Sopron liegt. Weiter hinauf an der Donau liegt Raab oder Daurieum, an dem Flusse Raab, der ebenfalls in die Donau fällt, und in einiger Entfernung das Städtchen Papa, so wie auch Sanct Gotthard, in welcher Gegend einst unter Anführung des Coligny die Franzosen über die Türken siegten. In dem südlichen Winkel der Insel Schütt sieht man die Feste Comorren. Von zwey Seiten umgiebt sie die Donau, und von dem festen Lande ist sie durch vier Bastionen geschützt, wovon zwey das Land, zwey das Ufer des Flusses bestreichen. Sie ist so gut verwahrt, daß die Türken niemals ihrer haben Meister werden können. —

§. 3.

Ehe man noch nach Comorren kommt, stößt man auf den Fluß Waag, der sich bey Günz in die Donau ergießt, an welchem die Stadt und Feste Leopoldstadt liegt. Die Gegend um Comorren herum ist angenehm und fruchtbar. Mathias, König von Ungarn, dachte schon im Jahre 1474 darauf, das alte Schloß, das sehr viel ähnliches mit der Lage des holländischen

Schloſſes Ofing hat, zur Vertheidigung des Vaterlandes zu befeſtigen. Sultan Solimann ließ es im Jahre 1529 auf ſeinem Zuge, nach der Belagerung von Wien, durch Brand und Zerſtörung ganz zu Grunde richten.

§. 4.

Ferdinand von Oeſterreich, König von Ungarn, der nach Karl dem fünften den Kaiſerthron beſtieg, fand die Lage des Platzes ſehr vortheilhaft, und ließ ihn im Jahre 1550 neuerdings befeſtigen. Sinan Baſcha belagerte ihn 1594 den 4ten October abermals, aber er ſah ſich gedrungen, leer wieder abzuziehen. Der Obriſte Braun vertheidigte die Feſtung mit vielem Muthe, und Erzherzog Mathias kam mit einer Armee von 40000 Mann zu Hülfe, welches die Türken nicht abwarten wollten, ſondern ſich eiligſt nach Ofen zurückzogen.

§. 5.

Unweit Comorn, ſchief gegenüber liegt in einer Entfernung von vier Meilen, die wichtige Feſtung Neuhäuſel, und das Städtchen Neitra am Fluſſe Neitra. Unweit der Stadt Gran ſieht man ebenfalls auf der linken Seite
den

den Fluß Gran, der den Lippolo aufnimmt und bey Gran sich in die Donau stürzt. — Gran wurde ehemals Strigonium genannt, und der Erzbischof daselbst hatte einst die Ehre, die Könige von Ungarn zu krönen. Weiter abwärts liegt Mitrok und Vischegrad, auch formirt die Donau abermals eine Insel, welche von der benachbarten kleinen Stadt St. Andreas, St. Andreas-Insel heißt. Unweit derselben ist Ofen und Pest, dieses auf der linken, jenes auf der rechten Seite der Donau, welche beyde Städte durch den Fluß, über den eine Brücke von 70 Jochen geht, von einander entfernt liegen.

§. 6.

Ofen ist eine der wichtigsten Städte in ganz Ungarn, die lange Zeit in den Händen der Türken war. In der lateinischen Sprache heißt sie Buda, welches man von dem Bruder des Königs Attila gleiches Namens (Buda) ableitet. Die Türken nannten diese Stadt Ofen, und die Ungarn zuweilen Ethelvaer (Attilas Schloß.) Unwahrscheinlich schreibt man diesem Buda die Gründung dieser Stadt zu. Man hält

hält dafür, daß diese Stadt das Aquinium der Alten sey, und das Kaiser Valentinianus bey seinem Feldzuge gegen die Quaden oder Mährer sich hier aufgehalten haben mag, wie aus einigen alten Denkschriften zu schließen ist.

§. 7.

Sie war einst die einzige Hauptstadt des ganzen Königreichs, und der ehemalige Aufenthalt der Könige. Als sie unter den Scepter der Pforte kam, kommandirte sie ein Beglerbey, unter dem einige Sangiacken standen. Die Stadt hat sechs Hauptabtheilungen: 1.) das Schloß oder die Festung. 2.) Die Obere Stadt, die auf einer Anhöhe liegt. 3.) Die Vorstadt, welche an der Donau nach der Länge hin sich erstreckt, und so lang als die beiden erstern Abtheilungen ist. 4.) Die Wasserstadt, oder Judenstadt, sonst auch die untere Stadt genannt. 5.) Die zweyte Vorstadt. 6.) die Stadt Pest, welche vermuthlich, ehe sie befestigt wurde, nur eine Vorstadt war. Die gewöhnlichste Eintheilung aber ist in die obere Stadt, welche auf dem Hügel liegt; und die untere Stadt, welche die beyden Vorstädte begreift. Pest wird alsdann für eine eigene Stadt angenommen.

Die

Die Stadt Ofen ist sehr gut befestigt. Die Türken hatten stets eine Besatzung von 8000 Mann daselbst, und einige Gallioten zu Pest. Es ist gerade der Mittelpunkt zwischen Wien und Belgrad. Die meisten Häuser in Ofen sind aus Felssteinen gebaut. Sobald Soliman sich der Stadt bemeisterte, ließ Hußein Bascha die untere Stadt befestigen.

§. 8.

Sigmund, König von Ungarn, aus dem Hause Luxenburg, der nachher Kaiser wurde, ließ die Mauern mit Thürmen versehen, und auf der Festung Gallerien und einen schönen Garten anlegen. — Die Schiffbrücke zwischen Ofen und Pest besteht aus 36 ziemlich großen Schiffjochen. Katholiken, Kalvinisten und Juden hatten unter dem Scepter der Türken freye Religionsübung. Unweit der Schloßgärten sind die berühmten Gesundheitsbäder, die zum Theil so heiß sind, daß man in wenig Augenblicken ein Ey drinnen sieden kann; und gleich darneben befindet sich eine Quelle mit eiskaltem Wasser. Die beyden vornehmsten Bäder sind in der Höhe das Dreyeinigkeitsbad, und das Mustaphabad, welches letztere der

Kommandant Mustapha von Steinen bauen und mit Bley decken ließ.

§. 9.

Die Gegend um Ofen ist angenehm und fruchtbar, aber der dortige Wein hat einen Schwefelgeruch, den er von den dortigen Gebürgen ererbt. Nach der unglücklichen Schlacht bey Mohatz, die Soliman im Jahr 1526 den Türken abgewann, bemächtigte er sich der Stadt Ofen mit leichter Mühe, weil die Einwohner im Schrecken über die Niederlage des Königs Ofen verlassen, und mit der Königin sich nach Preßburg geflüchtet hatten. Er beschoß sie mit dem schweren Geschütz nur drey Stunden, und ließ bey der Einnahme Mann, Weib und Kind über die Klinge springen, nur den Deutschen gab er Pardon. Die Festung nahm er ebenfalls nach zwey Stürmen mit Capitulation ein, und ließ sie plündern. Bey dieser Gelegenheit steckte das türkische Gesindel die weltberühmte Bibliothek des ungarischen Königs Mathias Corvinus in Brand. Von da kehrte Soliman nach Constantinopel zurück, ohne Besatzung in Ofen zu lassen.

§. 10.

§. 10.

Im nehmlichen Jahre wurde Johann von Zapolya, Woywode von Siebenbürgen, zum König von Ungarn gewählt, und zu Weißenburg gekrönt, womit einige Churfürsten selbst verstanden waren. Er gieng nach Ofen, und ließ die Festung wieder in Vertheidigungsstand setzen, weil er sie ganz leer fand, legte Besatzung hinein, und berief die Einwohner, die sich nach Preßburg geflüchtet hatten, wieder zurück. — Allein Ferdinand, Erzherzog von Oesterreich, nachmaliger Kaiser, machte, als erwählter König von Ungarn, dem Usurpator Johann Zapolya seine Würde streitig, und schickte im Jahr 1527 den Markgrafen von Brandenburg Casimir, mit einer zahlreichen Armee vor Ofen, welcher die Festung auch im Monat September glücklich einnahm, und den Rebellen Zapolya verjagte. Soliman nahm sich des Zapolya an, und fiel 1529 mit einer Armee von 200000 Mann in Ungarn ein, belagerte Ofen, und nahm die Stadt ohne Widerstand weg; die Festung hielt sich länger, übergab sich aber wider Willen des Kommandanten, Thomas Nadasti, einige Tage darauf dem Soliman auf Capitulation; welche aber die Türken schlecht hielten,

und

und alles niederhieben, bis auf einige wenige Kinder, und diejenigen, welche in der Flucht ihr Heil fanden. Nadasti sollte nach Constantinopel in ewige Gefangenschaft gebracht werden, entsprang aber von dem Schiffe auf einen Nachen, der gerade vorbey fuhr und rettete sich auf die andere Seite des Ufers in das Lager des Zapolya, der ihn sehr freundschaftlich aufnahm. Soliman übergab die Stadt Ofen samt der Festung in die Hände des Zapolya, und zog weiter Wien zu belagern, welches ihm aber mißglückte.

§. 11.

Im Jahr 1530 belagerte der kaiserliche General Roggendorf Ofen abermals und hoffte die Stadt auszuhungern; allein Mahomet Bascha von Belgrad eilte zum Entsatz herbey, Roggendorf fühlte sich zu schwach, ihm die Spitze zu bieten, und zog sich mit Verlust des größten Theils seines Lagers in höchster Eile zurück.

§. 12.

Im Jahr 1540 starb der Pseudokönig Johannes Zapolya; allein sein Sohn wurde von der Parthey seines verstorbenen Vaters ebenfalls

falls zum König ausgerufen. — Im folgenden Jahre 1541 versuchte General Roggendorf eine abermalige Belagerung der Stadt Ofen, fand aber den Ort weit befestigter, als er es zur Zeit der ersten Belagerung gewesen war. Die Türken unterstützten sie eben so heftig, als damals, und die Mutter des jungen Zapolya überlieferte die Festung in die Hände Solimans, der einen Beglerbey dahin schickte. Von dieser Zeit blieb Ofen in den Händen der Pforte, bis zur Regierung Mahomet IV, wo sodann Herzog Karl von Lothringen sie für den Kaiser gewann. Im Jahre 1542 machten die Christen einen abermaligen ebenfalls vergeblichen Versuch mit Ofen. Im Jahre 1598 und 1599 machte Adolph von Schwarzenberg ebenfalls zwey fruchtlose Anschläge. Die Unternehmung im Jahre 1602 fiel etwas glücklicher aus; sie nahmen einen Theil der Stadt bis zur obern Vorstadt weg, allein die obere Stadt, noch weniger die Festung konnten sie nicht bezwingen, weil Hußan Bascha von Belgrad zu Hülfe kam, die Christen schlug und 2000 Mann neue Besatzung in die Festung warf. Erzherzog Mathias zeigte aber noch in diesem Feldzuge außerordentlich viel Tapferkeit.

§. 13.

§. 13.

Im Jahre 1603 gieng der Commandant von Pest, Lochner, der diese Stadt erobert hatte, im Winter mit seiner Mannschaft über die gefrorne Donau, überrumpelte Ofen, und bemeistete sich aller Bäder, als gerade das türkische Frauenzimmer sich badete, doch konnte er nichts weiter ausrichten. — Im Jahre 1684 versuchte Herzog Karl von Lothringen die erste Belagerung, die aber wegen Mangel an Kriegs- und Mundvorrath nicht sehr glücklich ablief. Doch im Jahre 1686 gieng es weit geschwinder und besser. Den 21. Junius eröffnete er die Laufgraben, und 75 Tage darauf nahm er, ungeachtet der grimmigen Vertheidigung eines französischen Renegaten, die Stadt ein.

§. 14.

Die Stadt Pest, welche Ofen gegenüber liegt, ist in der Geographie und Geschichte Ungarns lange nicht so merkwürdig. Vor alten Zeiten versammelten sich in ihren Gauen die Landstände, um ihre Könige zu wählen. Alle, Geistliche und Ritter, erschienen bewaffnet und zu Pferde, wie sie es ehemals auch zu Warschau thaten. — In spätern Zeiten versammelten sie

sie sich zu Preßburg in zwey Sälen, wovon der eine für die Grafen und Baronen, der andere für die Deputirten der Comitate, Städte und Magnaten, welche nicht persönlich erscheinen, bestimmt ist. —

§. 15.

Unter Pest theilt sich die Donau in zwey Arme, und bildet eine große Insel, die man einst Sanct Margarethen Insel, nun aber die Savoyische Insel nennet. Letztern Namen erhielt sie zum Andenken, weil Prinz Eugenius von Savoyen hier sein Leben sich rettete; diese ist ein Drittheil kürzer, als die Insel Schütt, aber viel breiter. In der Spitze, wo die Donau sich in zwey Arme scheidet, liegt das Dorf Tschepel gegen Abend zu, und fünf Meilen weiter abwärts das Städtchen Kätzkeve, die Hauptstadt dieser Insel; Thotis und Adam liegen am Ufer rechts. — Unter dieser Insel erblickt man das berüchtigte Bergschloß **Földwar**, das die Mißvergnügten so oft gewonnen haben, aber weiter zu nichts Vortheil bringt, als Ofen blokiren zu können. — Auch die Feste Fünfkirch liegt etwas weiter abwärts von Földwar, dieser aber gerade gegenüber

auf

auf der andern Seite des Flusses, die große und bekannte Stadt Colocza, deren Erzbischof mit dem von Gran um die Ehre, die Könige in Ungarn zu krönen, wetteiferte.

§. 16.

Diese Stadt leitet von den monumentis Colossaeis ihren Namen her, weil einst sogenannte colossalische Statuen hier zu finden waren. Das Bisthum des Pesther Comitats gehört mit zu diesem Erzbisthum. Sie ist die Hauptstadt der neun Comitate, die an der Donau liegen; vielleicht hat das, was man in einem bekannten römischen Schriftsteller ließt: Init ad statuas Colossaeas auf diese Stadt Bezug. Als die Christen im Jahre 1602 Ofen belagerten, wagten sich die Heyducken auf der gefrornen Donau bis Colocza, das damals von Thraziern, Raizen und Türken bewohnt ward. Sie überwältigten den Platz, plünderten und brannten ihn rein aus. Zwischen Colocza und der Theis ist die Heide, welche die Lateiner Campos Cumaros nannten. Sie hat gutes Viehfutter, aber weit und breit weder Dorf noch Festung.

§. 17.

§. 17.

Unter Colocza auf der linken Seite der Donau liegt Baja, welchem Dorfe gegenüber auf der rechten Seite sich die Mündung des Flusses Sarviza zeigt, aus welchem sich ein ungeheurer unzugänglicher Morast bildet, in dessen Mitte die feste und berühmte Stadt Stuhlweißenburg liegt. Diese Stadt und Feste ist dadurch merkwürdig, daß die Könige von Ungarn daselbst gekrönt und begraben wurden. Ofen, Stuhlweißenburg und Gran oder Strigonien bilden beynahe einen gleichseitigen Triangel, der 45 italiänische Meilen in seiner Basis hält; Stuhlweißenburg ist ringsum durch obgedachten Morast des Flusses Sarviza beschützt und gesichert. Er theilt sich in zwey Theile, der gegen Morgen heißt Sosto, und der gegen Abend Ingowano. Die Festung ist mit einer guten Mauer umgeben, und einem breiten, tiefen, wasserreichen Graben versehen. Die Einnahme desselben kostete dem Herzog Mercour von Lothringen, kaiserlichen General, sehr viele Arbeit. Die dortige liebe Frauenkirche ist die vornehmste, war auch der Krönungs- und Beerdigungsort der ehemaligen ungarischen Könige.

E §. 18.

§. 18.

Auf diesem Moraste gehen drey sehr breite Hauptstraßen fort, auf welchen viele Kirchen, Häuser, Gärten, Klöster und andere Gebäude stehen. Man kann diese Chausseen als Vorstädte betrachten. Im Jahre 1490 wurde Stuhlweißenburg vom Kaiser Maximilian I. belagert und mit Sturm eingenommen. Im folgenden Jahre 1491, den 21. Julius, nahm sie Ladislaus der II. König von Ungarn, mit Kapitulation wieder ein, nachdem es ungefähr 11 Monate in den Händen der Deutschen war. Ladislaus Armee war 40000 Mann stark.

§. 19.

Nach der unglücklichen Schlacht bey Mohatsch wurde Johannes Zapolya, Graf von Zips, und Woywode von Siebenbürgen, zu Stuhlweißenburg zum Könige von Ungarn gekrönt. Der Erzbischof von Gran fragte nach dem gewöhnlichen Ceremoniel dreymal das versammelte Volk: ob es diesen zu seinem König wollte? Weil nun meistens die Aßistenten seiner Parthey zugegen waren, so wurde diese Frage bejahet. — Darauf krönte er ihn, gab ihm

den

den Scepter in die Hand; er machte mit dem Schwerdte die vier gewöhnlichen Hiebe gegen die vier Weltgegenden, und schwur den Eid, für das Wohl des Vaterlandes zu wachen.

§. 20.

Im Jahre 1540 wurde Stuhlweißenburg abermals von dem Generale Kaiser Ferdinand des ersten eingenommen, und im Jahre 1543 den 4. September besiegte Soliman, der persönlich seine Armee anführte, den Ort wieder mit Capitulation. Ob er gleich den Ort mit Werken ganz umkränzte, so würde er doch so geschwinde nicht zum Ziel gekommen seyn, wenn die Belagerten die Vorsicht gebraucht hätten, ihre Vorstädte nieder zu brennen. Da sie aber das nicht thaten, so konnte der Feind, durch diese gedeckt, mit leichter Mühe vorrücken, und die Stadt mit weniger Gefahr berennen.

§. 21.

Harbet, General der kaiserlichen Truppen, benahm sich besser. Er überwältigte die Vorstadt

stadt in kurzer Zeit, und würde den Platz selbst leicht eingenommen haben, wenn nicht Hußan Bascha von Ofen zu Hülfe herbey geeilt wäre. Es kam zwischen beyden Armeen zur Schlacht, und die Türken verloren an die 10000 Mann auf dem Platze, mußten den Christen Lager und schweres Geschütz überlassen, welche mit geringer Mühe nun die Festung hätten einnehmen können, wenn sie die Belagerung fortgesetzt hätten. Allein einige Zwistigkeiten unter den christlichen Befehlshabern machten nothwendig, daß sie unvollendeter Sache im Monat November die Belagerung aufheben mußten.

§. 22.

Die nächste Expedition im Jahre 1598 war ganz vergebens; allein Anno 1599 überrumpelte Graf Schwarzenberg um zwey Uhr nach Mitternacht die Türken im Bette, bezwang und plünderte zwey Vorstädte, und würde sich der Festung glücklich bemeistert haben, wenn jedermann so gut wie er sich gehalten hätte.

§. 23.

§. 23.

Endlich gewann der Herzog von Mercour im Jahre 1601 unter der Regierung Kaiser Rudolphs des II. die Stadt glücklich wieder. Er begann den 9. September dieses Jahres die Belagerung, und Graf Rusworum, der unter ihm commandirte, bemeisterte sich gleich den nehmlichen Tag zweyer Vorstädte; den siebenzehnten beschoß man die Festung, und den 20. wurde sie mit stürmender Hand eingenommen und geplündert. Die Türken warfen selbst Feuer in ihr Pulvermagazin, welches alle Häuser, auch die schöne Frauenkirche, zu Grunde richtete. Die Christen verließen den Ort nicht, ohne eine tüchtige Besatzung dorten zu lassen.

§. 24.

Einige Tage nach der Einnahme griffen 50000 Türken, unter Commando des Hußan Bascha, zweymal das Lager des Herzogs Mercour an, der sich unter den Kanonen der Feste verschanzt hatte, aber sie wurden beydemale mit großem Verluste zurückgeschlagen. Dieß Waffenglück machte den Herzog Mercour so dreiste

mit seiner Mannschaft, die sich kaum auf 8000
Mann belief, die Türken, welche mehr als
30000 stark waren, anzugreifen. Das Gefecht
war blutig und hartnäckig, doch endlich wichen die Türken, und verloren über 10000
Mann auf dem Platze. Einige sagen, daß
Erzherzog Mathias dieß Treffen selbst commandirt habe. —

§. 25.

Im Jahre 1602 belagerten die Türken unter Anführung des Hußan Bascha Stuhlweißenburg, und nahmen es auch am Enthauptungsfeste des Johannes Baptista glücklich ein.
Diesen Tag zählen die Türken unter ihre glücklichen, weil an demselben Soliman die Schlacht
bey Mohatsch gewann, welche ihm ganz Ungarn öffnete. Die Soldaten kapitulirten ohne
Einwilligung der Officiere, welche letztere in
Ketten als Gefangene nach Constantinopel geschleppt wurden. Von der Zeit an blieb diese
Stadt bis zur Regierung Mahomets des IV.
in den Händen der Türken. Doch eroberten
und plünderten die Kaiserlichen im folgenden
Jahre die Vorstädte derselben. Doch im Jah-

re 1688 erhielten die Kaiserlichen nach einer langwierigen Blokade auch diese Festung glücklich wieder.

§. 26.

Auf der rechten Seite an der Mündung der Corazza liegt Mohatsch, wo die blutige Schlacht zwischen Soliman und dem König von Ungarn vorfiel. Dieser Festung gerade gegenüber liegt Bendern zwischen der Donau und der Theiß, die sich unter Titul in die Donau ergießt. Ueber die Donau geht die berühmte lange Essecker Brücke, einige kleinere Flüsse formiren in dieser Gegend eine Art von See. Soliman hielt es auch für sein wichtigstes Geschäffte, hier über die Donau eine Brücke zu schlagen, als er das Projekt unternahm, Ungarn sich zu unterwerfen. Doch war die seinige höchstens 4000 Schritte lang, da die jetzige dagegen 8565 Schritte zählt, und vier Wagen neben einander bequem fahren können. Soliman beorderte damals den Bascha von Ofen, diese Brücke eiligst fertig zu machen, der sie auch durch 25000 Mann Arbeiter in 12 Tagen herstellen ließ. Der Sultan traf früher ein, als

als sie geendigt worden war, schien darüber
mißvergnügt; fand viele Fehler und Mängel
an ihr, und ließ dem Bascha dieser Nachläßig-
keit wegen den Kopf abschlagen. Die zweyte
Brücke war noch einmal, also 8565 Schritte
lang. Die alte Stadt Mursa stand auf dem
Platz, wo heut zu Tage Esseck steht, in dieser
Gegend schlug Kaiser Constantin den Magnen-
tius aufs Haupt, der sich zum Kaiser hatte
ausrufen lassen.

§. 27.

Sultan Soliman belagerte die Festung
Esseck, als er von der Belagerung Wiens unverrichteter Sache wieder nach Constantinopel
kehren wollte; weil er den Ort wegen der Paßa-
ge über die Donau für sich sehr vortheilhaft
fand, und nahm sie auch 1587 glücklich ein.
Einige Zeit darauf belagerte sie der kaiserliche General Cation, um sie den Türken wieder
abzujagen, aber er mußte leer abziehen.

§. 28.

Den ersten Februar 1684 belagerte Graf
Nikolaus von Srini Esseck, zündete die Brücke

cke an, die zwey Tage brannte: er verheerte mehr als tausend Burgen und Dörfer der Pforte mit Feuer, worunter auch Fünfkirchen war, und befreyte mehr als hundert Christen aus der türkischen Sclaverey. Im Jahr 1685 brannte Graf Leßel die kaum erbaute Brücke abermals wieder zusammen, nahm die Stadt ein, und ließ sie plündern; aber das Schloß der Stadt, Darda genannt, erhielt er doch nicht. Im nehmlichen Jahre gieng es noch einmal über Esseck her, auch wurde die Brücke vollends zu Grunde gerichtet, welches die Türken selbst thaten, aus Furcht, die Christen möchten ihnen nachsetzen. Im October 1686 zog Ludwig von Baden, kaiserlicher Feldherr, gerade wieder vor Esseck, stand den 1. November vor Darda, und bemeisterte sich des Orts, der weder vom Bascha noch von andern Männern vertheidigt wurde.

§. 29.

Im Jahre 1687 fielen bey Esseck einige Scharmützel vor, in welchen die Kaiserlichen den Kürzern zogen. Allein die Türken erlitten doch eine Niederlage, weil sie die Kaiserlichen bis Mohatsch zurücktreiben wollten. Den 29. September 1687 verließen die Türken mit solcher Eil Stadt und Schloß, daß sie vergaßen sieben Minen anzuzünden, die noch springen lassen wollten. Graf Dünewald zog siegend ein, fand einen großen Vorrath von allen Kriegsbedürfnissen, und ließ die Festungswerke samt der Brücke wieder ergänzen.

§. 30.

Alles, was von Esseck bis Szalankamen rechts an der Donau abwärts liegt, erhielt der Kaiser durch den Carlowitzer Frieden. Zwischen der Drau und der Sau findet man rechts den kleinen Fluß Valpo, samt der Stadt gleiches Namens, und Valkovar, beydes Festungen, welche lange in den Händen der Türken waren. Die Theiß, auf Lateinisch Tibiscus genannt, fließt in Oberungarn, entspringt aus den Carpathen, strömt gegen Abend: auf einmal schlängelt er sich rechts gegen Mittag, und stürzt sich unweit Titul in die Donau; er scheidet Ungarn und Siebenbürgen von einander, unweit demselben liegt das unüberwindliche Schloß Munkatsch auf einem steilen Felsen, das durch Lage

und

und Befestigungswerke unbezwingbar ist. Der Fluß Samos, an welchem die Festung Szath: mar liegt, vergrößert den Strom der Theiß unweit Peterwardein, das nicht weit vom Samos entfernt liegt. Von da aus bildet die Theiß einen großen Morast, der die Festung Tokay umringt und beschützt; dann bespühlt sie Zolnock, Czongrad, Segedin, Titul, und wenige Meilen von diesem Orte ergießt sie sich in die Donau, unweit der Schanzwerke, die das kaiserliche und türkische Gebiet scheiden. Zu Czongrad nimmt sie den Körös auf, welche aus dem verbundenen Sebes Körös bey Großwardein und Ickete Körös bey Gyula besteht; weiter unten den Maros.

§. 31.

In Oberungarn ist die Hauptstadt Kaschau, welche Stadt die meiste Zeit in türkischen Händen war; sie liegt an dem Hernad, 10 Meilen von Epperies, und bildet mit Verbindung eines andern Flusses unter Kaschau einen Morast. Den Namen der Stadt Kaschau leitet man von dem römischen Feldherrn Caßius her. Sie liegt am Fuße eines

nes Berges, wird von einem kleinen Bache bewässert, der die Stadt in zwey Hälften theilt, und die beyden Kirchen und Schulen umgiebt. Sie ist mit einer starken Mauer befestigt, hat gute Graben und starke Bollwerke. Die beyden Stadtthore sind wechselsweise offen, die Straßen rein, die Häuser gut und hochgebaut. Das Rathhaus ist besonders schön gebaut, auch die Pfarrkirche von sehr regelmäßiger Architektur. Auch die Protestanten haben ihre Kirche. Die Magazine sind gut angelegt, und mit allem reichlich versehen. Die Deutschen daselbst sind meistens Lutheraner, und die Ungarn Reformirte. Man trift daselbst Ungarn, Pohlen, Sclavonier und Türken an. Mit dem Wein, der häufig wächst, aber nicht sonderlich gut ist, wird stark nach Pohlen gehandelt. Das dortige warme Gesundheitsbad ist sehr heilsam, und würde vielleicht fleißig gebraucht werden, wenn die dortige Luft nicht so ungesund wäre.

§. 32.

Als Kaiser Albert der zweyte starb, so wurde gleich darauf seine Gemahlin mit Ladislaus entbunden, der in der Wiege zum König

von

von Ungarn gekrönt wurde. Unter diesen Unruhen hatten einige Ungarn den Uladislaus, Herzog von Litthauen, und Bruder des Königs von Pohlen, zum König ausgerufen. Diese beyden Könige erregten einen bürgerlichen Krieg, der drey Jahre dauerte. Kaschau wurde von den Pohlen belagert, sie konnten sie aber nicht einnehmen. Im Jahre 1490, nach dem Tode des Mathias Corbinus wurden wieder von zwey verschiedenen Partheyen zwey verschiedene Könige, Uladislaus, und Albert, beyde Söhne vom König aus Pohlen, Casimir, zu Königen gewählet. Albert belagerte Kaschau, konnte es aber nicht einnehmen. Im Jahre 1526 nach der unglücklichen Schlacht bey Mohatsch, wurde Johann Zapolya, und Ferdinand, Erzherzog von Oesterreich, zu Königen von Ungarn ausgerufen. Im Jahre 1537 nahm Johann Zapolya die Stadt mit List ein, verbrannte, plünderte und zerstörte die ganze Stadt.

§. 33.

Im Jahre 1592 wurde Kaschau von den Türken vergeblich belagert. Die ge-

drück-

drückte Bürgerschaft erklärte sich für den Stephan Roſtkay, der es auch nicht beſſer machte. Im Jahre 1606 ſtarb dieſer durch Gift, und die Stadt ergab ſich dem Kaiſer. Nachher nahm ſie Gabriel Betlen, Woywode von Siebenbürgen, wieder ein, und erhielt ſie durch den Tractat von 1662 von Ferdinand den zweyten mit ſieben andern Comitaten in Oberungarn. Im Jahre 1668 beſiegte ſie Bokos Gabor, General des Georg Rakotzy des erſten, Franzens Großvater; und im Jahre 1682 kam ſie in des Grafen Tököli Hände, und wurde durch die Zeit der Unruhen wie ein Ball von einer Parthey zur andern geworfen.

Ende des zweyten Abſchnitts.

Leben des Fürsten
Franziskus Rakoßy.

Dritter Abschnitt.

Leben des Fürsten
Franz Rakoßy.

Dritter Abschnitt.

§. 1.

Franz Rakoßy suchte gewisse Gründe hervor, um dadurch zu beweisen, daß er alte Rechte auf die Herrschaft Siebenbürgen hätte, weil sein Großvater, Johann Rakoßy, und sein Urgroßvater Woywoden daselbst gewesen waren. Es war nun aber kein leichtes, den Rabutin, welcher daselbst kaiserlicher Statthalter war, und eine beträchtliche Anzahl Kriegsvölker zu seinem Befehle hatte, zu vertreiben. Doch erwarb er sich unter der Hand in dem Lande einen beträchtlichen Anhang, welcher, da er meistens aus angesehenen Edelleuten bestand, ihn wirklich im Monat

1704.

nat August 1704 als Fürsten von Siebenbürgen erklärte. Dieß brachte den Kaiserhof neuerdings gegen den Fürsten Rakotzy auf; er gab dem General Rabutin die gemessensten Befehle, den Grund dieses aufrührischen Unternehmens zu durchforschen. Da fand sichs nun, daß der Kanzler von Siebenbürgen die Karte gemischt und gegeben hatte, deswegen wurde er nach Endigung des Processes der Landesverrätherey schuldig befunden, und enthauptet. Dieß schreckte aber die durch ihn und andere unruhige Köpfe schon in Gährung gebrachte Siebenbürger nicht ab; sie erklärten sich im Gegentheil laut für den Fürsten Rakotzy, so daß der Kaiser sich genöthiget sah, um den Unordnungen zu steuern, den Prinzen Eugen nach Preßburg zu schicken, und mit der ungarischen Nation dorten Unterhandlungen zu pflegen, um wo möglich den glimmenden Funken der Zwietracht noch in der Asche zu ersticken.

§. 2.

Schon im Jahre 1703, gleich nach der Entweichung des Franz Rakotzy aus Neustadt, berathschlagte sich Kaiser Leopold in Wien mit dem Palatin Esterhazy, dem Erzbischof Setschenzi, und vielen andern des großen ungarischen Adels, wie man dem noch immer arbeitenden Partheygeiste am besten entgegen arbeiten könnte, aber es wurde nichts bestimmt, weil die Gemüther der Berathschlagenden nicht gleich gestimmt waren. Nun aber betrieb der Kaiserhof die Sache mit vollem Ernste, und beschloß die Generale Stirum und Herbeville gegen die unruhigen Köpfe zu senden. Fürst Rakotzy seines Theils war auch nicht müßig; er hatte schon 100000 Mann unter seinen Fahnen; er theilte sie in sechs Corps ein, die zwey besten schickte er unter Anführung der Grafen Bertschenzi und Karoly zur Unternehmung gegen die Insel Schütt, weil ihm dieselbe, wegen der vortheilhaften Lage, in Rücksicht der Donau äußerst wichtig war: denn er konnte durch Hülfe derselben, wie er wollte, in Ober- und Niederungarn agiren. Dieser Theil der Armee sollte auch Wien, Ofen und Pest beunruhigen. Den zweyten und dritten Theil seines Corps schickte er unter Anführung des Grafen Otskay und anderer Vertrauten, jene zu unterstützen; er selbst aber blieb mit dem fünften und sechsten Corps an der Theiß und in der Nähe von Siebenbürgen, um sobald als möglich dieses

ses Landes sich bemächtigen zu können. Gegen Ende des Jahres 1703 war er schon bey Gran, oder Strigonien Meister eines wichtigen Passes über die Donau geworden, der ihm zum Herrn von beyden Ufern der Donau in dieser Gegend machte, wo er auch seine Hauptmagazine hatte. Später bemeisterte er sich der Festung Tokay und Zathmar, auch die Stadt Kaschau bezwang er durch Hunger. Im Winter paßirten die andern Corps seiner Armee über das Eis der Leitha und Morava, und beunruhigten Oesterreich, Schlesien und Mähren, so daß man schon wirklich zu Wien in Sorgen stand, und Anstalten machte, die Vorstädte zu befestigen. Rakotzy selbst nahm noch die Festung Erlau, und Munkatsch, seinen Geburtsort, ein.

§. 3.

England und Holland war mit diesen Zwistigkeiten in Ungarn gar nicht zufrieden, weil sie so gut als der Kaiserhof einsahen, daß die kriegführende Macht zu sehr dadurch getheilt würde, und man entweder die Armee am Rhein, oder die in Ungarn schwächen müßte. Sie hielten also dafür, der Kaiser sollte suchen, in Ungarn die Sachen gütlich auszugleichen, um mit
be-

desto mehr Nachdruck den Krieg gegen Frankreich fortsetzen und beendigen zu können. Auch erboten sie sich, bey dieser Vermittlung Garantie zu übernehmen. Sie sahen wohl selbst ein, daß es unter der Würde eines Monarchen wäre, mit Rebellen in Unterhandlungen zu treten, aber bey dieser Lage der Sachen, zum Besten des Ganzen vieles bewirken könnte. Der Kaiser war selbst der Meynung, und machte alle Vorkehrungen zu einem gütlichen Vergleich, die aber bey diesen verwirrten Gemüthern nicht viel mehr fruchteten. Der Kaiser ließ den Grafen Bertschenzi und Karoly Paßport nach Wien austragen, allein Fürst Rakotzy wußte ihnen die Lust, die beyde hatten, einen Vergleich einzugehen, durch seine Ueberredungskraft auf eine unmerkliche Art zu benehmen. Rakotzy hatte schon mehrerer Plätze sich bemeistert, und hieng nun mit ganzer Seele an dem Gedanken, in Siebenbürgen einzufallen. Doch ehe er dieses unternahm, ließ er vorher ein Manifest ausgehen, worinn er sich darüber zu rechtfertigen suchte, daß er die Waffen gegen den Kaiser ergriffen hätte, und die gekränkten Rechte der ungarischen Nation zum Vorwande nahm, wobey aber bey jeder Zeile seine geheime Rachsucht gegen den Kaiserhof hervorblickte. Am Ende ließ er auch einige Worte über sein gegründetes Recht auf Siebenbürgen fahren, welches er dadurch noch gewisser zu haben glaubte, weil die Siebenbürger ihn zu ihrem Fürsten ausgerufen hätten.

§. 4.

Um diese Zeit, kurz vor dem Feldzuge von 1704 ließ er 12000 Ungarn die Morava paßiren, welche sich der Stadt Wien auf vier Meilen näherten, und auf ihrem Zuge alles niederbrannten und mordeten. Dieser Feldzug war so ganz auf tartarische Art eingerichtet. General Heister führte die Kaiserlichen gegen die Mißvergnügten an, und erhielt durch seine Spione die falsche Nachricht, daß Graf Karoly mit einer zahlreichen Armee ihm entgegen käme; deswegen paßirte er eiligst über die Leitha zurück, und lagerte sich zwey Meilen von der Stadt, um dieselbe zu decken. Gleich hinter ihm her waren die Mißvergnügten, die ebenfalls die Leitha paßirten, und alle Dorfschaften so nahe an Wien niederbrannten, daß man von den Wällen dieser Stadt das Feuer

sehen

ſehen konnte. General Heiſter getraute ſich
aber, durch ſeine Spione getäuſcht, nichts gegen ſie zu unternehmen, weil er ſie weit ſtärker
vermuthete, als ſie waren. Ein anderes Corps
der Mißvergnügten verſchanzte ſich an der
Gränze von Steyermark bey dem Zuſammen-
fluſſe der Maroſch und Drau; hier, ſo wie
auch zu Papa und Günz errichteten ſie Magazine, und wagten ſich mit ihren Streifereyen
bis nach Grätz. Der Fürſt Rakotzy nahm zu
der nehmlichen Zeit Trentſchin an der Waag
ein, und blokirte Leopoldſtadt. Auch Eiſen-
ſtadt und Oedenburg fiel in ſeine Hände. Daher ſuchte der Gouverneur von Arad, die Blokade von Großwardein aufzuheben. Er ſetzte
ſich in einen ſehr vortheilhaften Poſten, allein
Fürſt Rakotzy eilte herbey, lieferte dem Gouverneur ein Treffen, ſchlug ihn, und nahm ihm
vielen Kriegs- und Mundvorrath, auch etwas
ſchweres Geſchütz weg. Nun hatte Fürſt Rakotzy freyen Paß nach Siebenbürgen; er nahm
Clauſenburg und Karlsburg ein, und brängte
den General Rabutin, der nicht hinlängliche
Truppen hatte, ziemlich in die Enge.

§. 5.

Graf Bertschenzi schrieb von der mährischen Gränze aus nach Wien, im Namen des Fürsten Rakotzy, daß dieser nicht gesonnen wäre, einen Vergleich einzugehen, und um das, was er schrieb, durch Thatsachen zu bestätigen, machte er einen heftigen Einfall in Mähren; die dortigen Juden flüchteten sich mit allen ihren Habseligkeiten nach Prag, wurden aber unterweges von den mährischen Bauern tüchtig ausgeplündert; eine Ausschweifung, deren ein bürgerlicher Krieg so unzählige nach sich zieht. Darauf schlug Graf Bertschenzi sein Lager zu Tyrnau auf, und Fürst Rakotzy das seinige an der Theiß, Karoly aber hauste bald in Steyermark, bald in Niederösterreich. Diese Unordnungen zwangen den Kaiserhof endlich ernstlich mit dem Schwerdte drein zu schlagen, da er so viele gütliche Mittel vergebens angewendet hatte. Prinz Eugen kehrte auch von Preßburg nach Wien zurück. Das Commando über die kaiserliche Armee wurde dem Grafen Palfy, Vicekönig von Croatien, übergeben. General Kreuz suchte unterdessen Großwardein zu entsetzen; allein Fürst Rakotzy erhielt Nachricht

von

von diesem Unternehmen, überfiel und trieb ihn zurück. Holland schickte den Du Hamel de Brüniugs, und England den Esquire Stypney an ihn, um ihm die Vermittlung zwischen ihm und dem Hause Oesterreich kund zu thun. In Preßburg nahmen sie Passeports zu seinem Lager, um ihm mündlich die Willensmeynung der garantirenden Mächte kund zu thun. —

§. 6.

Während dieser Zeit überwältigten die Ungarn Legrab, eine Festung an der steyrischen Gränze gelegen, paßirten die Morava, plünderten und brandschatzten Mähren, und schlugen unweit Wien ihr Lager auf. General Heister war nicht stark genug, dem reißenden Strome sich zu widersetzen, und zog sich in die Gegend von Ebenfurth bey Neustadt, verschanzte sich an der Leitha. Der Fürst betrieb die Blokade von der Festung Eralu, die noch unter dem kaiserlichen Scepter stand.

§. 7.

Um diese Zeit war zu Constantinopel ein gräulicher Aufstand der Kriegsmannschaft gegen den Sultan. Sie entsetzten Mahomet den vierten vor einiger Zeit der kaiserlichen Würde, und setzten dagegen den Mustapha, seinen ältesten Sohn, auf den Thron. In diesem Fürsten vereinigten sich alle große Staats- und Kriegseigenschaften, allein er hatte einen großen Hang zur Grausamkeit; deswegen setzte ihn auch der Faitfa des Mufti wieder ab, und die Großen des Divans krönten an seiner Stelle den Achmet, Mustaphas jüngern Bruder im Monat September 1703, weil er ihnen von sanfterer Gemüthsart, als sein Bruder, zu seyn schien. Fürst Rakotzy machte schon unter Mustaphas Regierung einige Versuche, Hülfsvölker von ihm zu erhalten, allein Mustapha forderte mehr dagegen, als jener leisten konnte; Achmet schien ihm nun eher ein Herr zu seyn, mit dem so etwas zu machen wäre. Kaum saß aber Achmet auf dem Throne, so gereuete die Großen der Pforte der Schritte schon wieder, die sie gethan hatten, und im Serail und Divan entstanden drey Factionen. Eine wollte dem Mustapha wieder auf den Thron helfen, unter dem Vorwande, daß sein Unglück ihn nun geschmeidiger gemacht haben würde; die andere Parthey wollte seinen Sohn Ibrahim, der damals erst dreyzehn Jahr alt

war

war, zum Kaiser krönen, und den Mastapha im Gefängnisse sterben lassen, weil sie vorgaben, daß diese Demüthigung ihn eher widerspenstiger, als biegsamer gemacht haben würde. Die dritte Parthey endlich war der Meynung, man sollte den Achmet ungestört in der Würde lassen, die man ihm erst ertheilt hätte. In dieser Verwirrung seiner eigenen Angelegenheiten hätte Achmet täglich gegen unzählige geheime Kabalen zu kämpfen, und sich selbst in Sicherheit zu setzen, konnte also gar nicht andern ihre Projecte ausführen helfen.

§. 8.

Nach Einnahme der Festung Erlau, welche nach Munkatsch die beträchtlichste in Ungarn ist, hielt Fürst Rakotzy Kriegsrath, und schlug vor, auf der einen Seite der Donau mit 50000 Mann vorzurücken, und sodann Ofen und Wien in Schrecken zu setzen. Die Vorstädte von Wien waren unter der Zeit schon ziemlich befestigt worden, und täglich fuhr man daselbst, der Sicherheit wegen, in dieser Arbeit fort. Diesen Plan führte Rakotzy in Begleitung der Grafen Forgatsch und Karoly aus.

aus. Er bemächtigte sich fürs erste der Margaretheninsel, sonst Savoyeninsel genannt; auch ließ er eine Anzahl Schiffe herbey bringen, um auf der andern Seite von Földwar einzuschließen, und sodann Ofen zu belagern, das eines Theils schon durch die Besetzung der Festung Stuhlweißenburg blokirt war. Doch schien ihm in der Folge dieses Unternehmen noch zu gefährlich, er kehrte wieder um, nahm die Stadt Segedin mit stürmender Hand ein, und ließ die Garnison über die Klinge springen, weil sie sich ganz verzweifelt gewehrt hatte. Diese Stadt ist sehr feste, mit Graben und Pallisaden umgeben, und liegt an der Theiß. Auch hat sie eine beträchtliche Festung, die schon verschiedenen Belagerungen Trotz geboten hatte. Mit der Belagerung der Feste wollte Rakotzy sich jetzt nicht aufhalten, weil sie ihm zu viel Zeit und Mannschaft gekostet hätte. Pest war unterdessen schon lange von seinen Truppen blokirt. Unterdessen arbeitete Setschenzi, Erzbischof von Colocz mit andern in Wien an einem Vergleich; der Kaiserhof verlangte, daß alle Festungswerke in Ungarn geschleift werden sollten, wovon aber Rakotzy gar nichts hören wollte, weil sein un-

ruhi-

ruhiger Geist sich mit ganz andern hochfliegen=
den Planen beschäfftigte.

§. 9.

Weil nun Rakotzy sahe, daß er von der
Pforte aus keine Hülfe zu gewarten hätte, und
sich doch zu schwach fühlte, der vermögenden
Macht des Kaiserhofes Trotz bieten zu können,
so suchte er Croatien in sein Interesse zu ziehen.
Er schickte ihnen eine große Menge Salz zum
Geschenke, das er aus den ungarischen Gru=
ben gezogen hatte, weil er wußte, daß sie
Mangel daran hatten, um sie dadurch an sich
zu ziehen. Ganz Siebenbürgen hatte bereits,
Karlstadt und Herrmannstadt ausgenommen,
für seine Parthey sich erklärt. Rabutin hatte
sich mit seiner Mannschaft unter die Kanonen
der letztern Stadt gezogen, und schrieb eiligst
nach Wien, daß man ihm mit einer tüchtigen
Armee zu Hülfe kommen sollte, sonst würde er
sich nicht länger gegen den Feind in Sieben=
bürgen halten können. Rakotzy marschirte
mit einer ansehnlichen Macht auf Ofen zu, und
Forgatsch beängstigte Oedenburg aus allen
Kräften. Graf Heister trieb indessen die Miß=
vergnügten, die unter dem Commando des
Grafen

Grafen Forgatsch standen, ziemlich in die Enge, weil die Leute meistens sehr schlecht in den Waffen geübt waren, so daß er nach Papa sich zurückziehen mußte, woselbst er aber von Rakotzy neue Verstärkung erhielt. Nun suchte er neuerdings an den General Heister zu kommen, aber dieser verschanzte sich an der Donau, und war gar nicht Willens, sich mit ihm einzulassen, bis er nicht ebenfalls neue Verstärkung von Wien erhalten haben würde.

§. 10.

Um diese Zeit ließ Rakotzy gegen die Gutgesinnten für den Kaiserhof die strengsten Befehle ergehen: daß sie unverzüglich das Land räumen sollten, wenn ihnen anders ihr Leben lieb wäre; welches besonders einen großen Theil der Geistlichkeit betraf. Er verlangte, daß die ganze Nation die Waffen ergreifen, und seine Armee bis auf 100000 Mann verstärken sollten; daß seine Befehlshaber, besonders Graf Karoly keines Menschen schonen sollte, der die Dreistigkeit haben würde, sich Rakotzys Befehlen zu widersetzen, welches denn auch mit vieler Grausamkeit ins Werk gesetzt wurde. General Heister ermüdete den Feind ins-

dessen

dessen bloß durch kleine Scharmützel, weil er nichts bedeutendes unternehmen konnte, da seine Mannschaft bis auf 3000 Mann geschmolzen war. Um diese Zeit verlohr Bayern die weltbekannte Schlacht, und der Kaiser sah sich nun im Stande seine ganze Macht nach Ungarn gegen den Rakotzy zu kehren; ließ aber doch noch vorher nach seiner angebornen Milde dem Rakotzy und seinen Verbündeten Vermittlung bieten, welche dieser, eben so trotzig, wie vorher, ausschlug und antwortete: daß er sich nun einmal entschlossen hätte, mit dem Degen in der Faust zu sterben. Alle Mühe des Erzbischofs von Colocz und des Grafen Lamberg, welche sie mündlich bey dem Grafen Forgatsch und Karoly anwandten, war vergebens; und Rakotzy ließ sich tolldreist genug verlauten: daß er nicht eher sein Haupt niederlegen würde, bis er nicht die siebenbürgische Krone auf dem Haupte hätte, die ihm von seinen Vorfahren her gebührte, und daß der Kaiser mehrere Kronen hätte, und ihm also diese wohl lassen könnte. Graf Lamberg rieth ihnen, sich es zu überlegen; allein sie thaten es nicht, und fiengen gleich den folgenden Tag die vorigen Feindseligkeiten wieder an. Graf Rabata

wur-

wurde samt seinen 2000 Mann zu Sanct Gotthard überfallen, und verlor durch Rakotzys Leute an 2000 Mann. Rakotzy hielt indessen Ofen blokirt, und die Besatzung wartete ängstlich auf Verstärkung; auch richtete Rakotzy an der Donau zwey kleine Festungen auf, um Ofen desto sicherer eingeschlossen halten zu können, und legte in der Gegend herum mehrere Magazine an, um den Kriegs- und Mundvorrath näher an der Hand zu haben. Rabutin war ebenfalls in Siebenbürgen ziemlich eingeschlossen, deswegen beschloß Rakotzy sich nach Siebenbürgen zu wenden, nachdem er vorher noch Palz an der Donau, Colocz gegenüber weggenommen hatte. Mähren und Steyermark verheerten die Grafen Otskay und Karoly.

§. 11.

Nun wurde in Ober- und Niederösterreich ernstlich geworben, um den General Heister in Stand zu setzen, thätiger seyn zu können; auch sollte Palfi, Ban von Croatien 4000 Croaten ausheben; ein gleiches geschah auch in Steyermark. Aus Mähren konnte man nichts nehmen, weil dieses Land ohnedies beständig von

von den Mißvergnügten heimgesucht wurde. Gerade als in Baiern die Schlacht bey Höchstädt vorfiel, rückte Rakotzy mit 10000 Mann in Siebenbürgen ein, und trieb den Rabutin noch mehr in die Enge, der nur einen einzigen Weg noch für sich offen hatte, nehmlich mit seiner Mannschaft sich in Pohlen zu ziehen.

§. 12.

Fürst Rakotzy wurde nun in allem Ernste als souverainer Fürst von Siebenbürgen ausgerufen; und nun stimmte er und Bertschenzi den Ton noch höher. — Auf den General Rabutin waren sie besonders erpicht, weil er ihren Anhänger, den siebenbürgischen Kanzler, zum Tode verurtheilt hatte, und schwuren ihm ein gleiches Loos, wenn er je unter ihre Hände fallen würde. Um diese Zeit wurde Baron Sirmay seiner Gefangenschaft zu Neustadt entlassen, welcher aus Dankbarkeit alles anzuwenden versprach, um Ruhe herzustellen, und gewiß viel bewirkt haben würde, wenn Rakotzy weniger stolz und herrisch gewesen wäre.

§. 13.

Fürst Rakotzy dachte jetzt gar keinen andern Gedanken, als wie er sich an Rabutin, wegen des Kanzlers Tod recht empfindlich rächen könnte, und schickte abermals Deputirte an den Großherrn, um ihm zur Thronbesteigung Glück zu wünschen, und ihm seine Gelangung zur Würde eines Souverains in Siebenbürgen kund zu machen; eigentlicher aber, um von ihm hinlängliche Mannschaft zu erhalten, durch deren Wirksamkeit er sich in dem Besitze dieses Fürstenthums festsetzen könnte; dagegen erbot er sich, jährlich der Pforte einen ansehnlichen Tribut zu bezahlen. Allein der Sultan war eben so wenig, als das erstemal gestimmt, seinen Projekten Gehör zu geben, und neuerdings dadurch mit dem Hause Oesterreich sich zu entzweyen. Allein Rakotzy war zu stolz, um seine Projekte fahren zu lassen, und hofte ohne alle Unterstützung irgend einer andern Macht durch seine Kraft allein sich im Besitze von Siebenbürgen festsetzen zu können.

§. 14.

Er hielt sich tüchtig an die siebenbürgischen Gold- und Silbergruben, welche dem Kaiser gehörten, und schlug, ohne lange erst um Erlaubniß zu fragen, seine eigene Münze; doch wagte er es nicht seinen Namen, oder sein
Bild

Bild darauf zu setzen, weil er gar wohl wußte, daß nur Souverains ihr Bild auf Gold prangen lassen können, und daß die siebenbürgischen Fürsten jeder Zeit entweder der Pforte, oder dem deutschen Reiche zinsbar waren. — Die Deputirten des Fürsten Rakotzy wurden dem ungeachtet, daß der Großherr sich in diese Händel nicht mischen wollte, sehr freundschaftlich bey der Pforte aufgenommen, und angehört. Auch gab der Divan Befehl, die Festungswerke zu Belgrad und Temeswar gut auszubessern, womit man es dießmal bewenden ließ. Rakotzy gieng auch einen Waffenstillstand ein, und schickte den Grafen Bertschenzi, und zwey andere Commisairs nach Schemnitz, um den Unterhandlungen beyzuwohnen; aber keinesweges hatte er im Sinne, Friede zu machen, sondern es war ihm nur um Ruhe zu thun, bis die Erndte und Weinlese in Ungarn vorbey seyn würde. Die kaiserlichen Bevollmächtigten in dieser Sache eben so wohl, als Baron Breunings, der Mittelmann von seinem Hofe, fanden es sehr unschicklich, daß Fürst Rakotzy in ihren Passeports sich den Titel eines Souverains von Siebenbürgen gegeben hatte; und daß die Mißvergnügten schon unter den Präliminarien

rien Dinge verlangten, die schon die vorzüglichsten Friedensartikel gewesen wären; deswegen machten auch die Bevollmächtigten in Preßburg Halt, um vom Kaiserhofe erst zu hören, ob sie unter solchen Aussichten doch noch nach Schemnitz abreisen sollten. Unterdessen hatten sich die Mißvergnügten der Stadt Kaschau in Oberungarn, und der Festung Epperies im scharoscher Comitate bemeistert; sie hatten Ausfälle auf die Savoyerinsel, und bis vor die Thore der Festung Gran gemacht; und trachteten nun auch noch Neuhäusel wegzunehmen, um dadurch sich der Insel Schütt und des dortigen Passes über die Donau zu bemächtigen.

§. 15.

Der General Heister benachrichtigte den Kaiserhof, daß den Mißvergnügten nicht zu trauen wäre, daß sie gewiß nicht Friede machen würden, daß Gewalt mit Gewalt vertrieben werden müßte, und daß er sich getraute, mit 20000 Mann regulirter Truppen sie aus dem Felde zu schlagen. Breunings unterhandelte mit dem Fürsten Rakotzy, und war, wie schon oben gemeldet worden, mit seinen über-

spannhannten Forderungen gar nicht zufrieden, die der Kaiserhof unmöglich annehmen könnte.

§. 16.

Die erste war: daß der Kaiser dem Fürsten Rakotzy das Fürstenthum Siebenbürgen ganz unabhängig überlassen sollte.

Die zweyte: daß das Fundamentalgesetz der freyen Königswahl, oder das Gesetz des Königs Andreas in seiner ganzen Ausdehnung wieder Statt haben sollte, und daß sie nach ihrem Gutdünken jederzeit ihren König wählen dürften.

Die dritte war eine Folge der zweyten, daß alle die Verhandlungen auf den Landtagen zu Preßburg und Oedenburg, um die ungarische Krone erblich zu machen, wieder aufgehoben werden sollten.

Die vierte: daß man die Jesuiten, so wie alle Ordensgeistliche, die sich verdächtig gemacht hätten, auf ewig aus Ungarn verbannen, und ihre Klöster aufheben sollte.

Die fünfte: daß man die Würde eines Bans, oder Generalstatthalters in Ungarn wieder in vorigen Glanz setzen, die Kaiser Leopold

pold so sehr geschmälert hätte; und daß man dem Grafen Bertschenzi zum Lohne seiner dem Vaterlande geleisteten Dienste dieselbe ertheilen sollte.

Die sechste: daß man aus allen ungarischen Festen die deutschen Gouverneurs zurückrufen, und Ungarn an ihre Stellen setzen sollte; daß man ein gleiches mit allen Aemtern des Staats thun, und auch die fremden Besatzungen zurücknehmen sollte, weil sich Ungarn durch seine Landsleute in Zukunft wollte vertheidigen lassen.

Die siebente war: daß man die vierhundert Gotteshäuser, deren sich bisher die deutschen Katholiken bedienet hätten, zurückgeben, und den Lutheranern und Kalvinisten zu freyer Religionsübung einräumen sollte.

Die achte endlich war: daß man allen ungarischen Leibeserben die den Vätern confiscirte Güter wieder zurückgeben sollte.

§. 17.

Die Unbilligkeit dieser Forderungen brachte den Kaiserhof so sehr auf, daß er von nun an beschloß, keine gütliche Verhandlung mehr

zu

zu pflegen, sondern mit dem Schwerdte drein zu schlagen. Doch gieng Breunings von Hollands, und Stipney von Englands Seite mit des Fürsten Passeports nach Schemnitz, während der Waffenstillstand noch dauerte. Der Fürst bezeigte sich gegen beyde sehr freundschaftlich, ließ aber besonders den Breunings nicht aus den Augen, und aller Orten, unter dem Vorwande der Ehrenbezeugung, von einem seiner vertrauten Officiere sehr sorgsam begleiten, der ihm genauen Bericht abstatten mußte, wo er hingegangen, mit wem er gesprochen, und von welcher Sache er gesprochen hatte. Während dieser Verhandlung brachen die Mißvergnügten alle Augenblicke durch Streifereyen und andere Ausfälle den Waffenstillstand, den die Kaiserlichen jedoch strenge hielten. —

§. 18.

Als Graf Tököli in der Türkey die Nachricht von den glücklichen Unternehmungen des Fürsten Rakotzy hörte, so schickte er an den Fürsten eine Deputation, daß derselbe, falls es zu einer Friedensunterhandlung kommen würde, seiner eingedenk seyn, und bey dem Kaiserhofe von seinen confiscirten Gütern 100000

Gulden Renten verlangen sollte, welche er dem jungen Fürsten Rakotzy zum Geschenk gemacht hatte. Allein diese Gesandtschaft war unnütz, da der Fürst noch an keinen Frieden dachte. Er besuchte um diese Zeit das Bad zu Isembach, und der Magistrat dieser Stadt trug ihm die Schlüssel entgegen. Seine Partheygänger beunruhigten Pest und Ofen, auch die Insel Schütt, und wagten sich bis vor die Thore der Stadt Preßburg. Ein anderer Trupp von 2000 Mann gieng über die Morava, und erbeutete viel Fourage und Vieh. Nach Siebenbürgen gieng General Otskay, der die Kaiserlichen bis vor die Thore von Herrmanstadt verfolgte; allein er hatte nicht den Vortheil davon, den er hofte; und war genöthigt, mit einem beträchtlichen Verlust sich zurückzuziehen; doch glückte es ihm eine beträchtliche Besatzung in das Schloß zu werfen, das schon seit 9 Monaten blokirt wurde. —

§. 19.

Rakotzy trieb nun die Belagerung von Neuhäusel mit allem Nachdruck, und nahm diese Festung auch ein. Dieser Platz war den Mißvergnügten besonders wichtig, weil er an dem

dem Ufer eines kleinen Flusses liegt, der sich mit der Waag in die Donau ergießt, und nicht nur den Paß zur Insel Schütt befördert, sondern auch zur Blokade von Ofen und Commorn dienen kann. Darauf wurde Leopoldstadt an der Waag belagert, um die Kaiserlichen zu verhindern, zu Preßburg, Raab oder Commorn Magazine anzulegen, und sodann die festen Plätze in Ungarn mit Lebensmitteln zu versehen.

§. 20.

Neuhäusel kam durch Verrätherey in die Hände des Fürsten. Dreyhundert Dragoner, welche einen Theil der Garnison ausmachten, fiengen auf einmal zu schreyen an: Es lebe Rakotzy und die Freyheit! Mit diesem Signale öfneten sie die Thore, und ließen die ungarischen Truppen herein. Der Rest der Garnison mußte sich auf Discretion ergeben, die Gemeinen traten größtentheils zu den Fahnen der Mißvergnügten, und die Officiere wurden zu Kriegsgefangenen gemacht. Der Fürst gab sich alle mögliche Mühe, den General Heister, dessen Bewegungen er sorgsam beobachtete, mit 3000 Man einzuschließen. Allein Heister war ein ausgelernter Kriegsmann, und zu

schlau-

schlau, um in so eine Schlinge zu fallen; er blieb immer an der Morava, welche ihn sicher stellte. Weil Rakozy sahe, daß hier nechts zu machen war, so wandte er sich mit seiner Macht wieder gegen Leopoldstadt, uni diese Feste förmlich zu belagern, welche er während eben erwähnter Unternehmung blokirt gehalten hatte. General Heister versuchte sie zu entsetzen, allein er mußte sich mit vielem Verlust zurückziehen; er hatte viel zu wenig Soldaten, um etwas wichtiges unternehmen zu können. Der Fürst war allezeit so vortheilhaft postirt, daß Graf Bertschenzi, Karoly und Forgatsch ihm im Fall der Noth zu Hülfe eilen konnten; also durfte General Heister niemals sich zu weit wagen, wenn er nicht Gefahr laufen wollte, von dem Feinde ganz eingeschlossen und niedergehauen zu werden. Auch hätten sie ihm leicht die Zufuhre an Lebensmitteln abschneiden können. Darum hielt er für das Beste, sich wieder nach der Morava zu wenden, und bessere Aussichten abzuwarten. Auf seinem Rückzuge lieferte er bey Sanct Georg ein sehr hitziges Treffen, wobey die Mißvergnügten großen Schaden litten, auch trat ein Obrister der Mißvergnügten von der Spitze seines Kavallerieregiments weg, und

und unter dem Gefechte zum General Heister
über. Die Mißvergnügten sammelten sich nach
der Schlacht wieder, postirten sich an der Waag
und nahmen Szolnock an der Theiß weg. Sie
befestigten diesen Ort noch mehr, gruben den
Graben so tief, daß sie den Fluß hinein leiten
konnten, und umgaben sie neuerdings mit Pallisaden und Schanzen.

§. 21.

Damals trug sich im Lager der Mißvergnügten eine sehr wichtige Begebenheit zu. Der
Obriste Sandoc, in Diensten des Rakotzy, hatte im Sinne, seine Fahne zu verlassen, und
schenkte einem deutschen Officier, den er gefangen genommen hatte, seine Freyheit, mit dem
Bedinge, daß er bey den Kaiserlichen für ihn
Amnestie und salvum conductum bewirken sollte,
weil er gesonnen wäre, beym Kaiser Dienste zu
nehmen. Weil aber dieser Officier dieses nicht
bewirken wollte, so kam er freywillig wieder
zurück, und nahm selbst ebenfalls Dienste bey
den Mißvergnügten.

§. 22.

Nach der Schlacht bey Sanct Georg
schrieb General Heister bringende Briefe um
neue

neue Rekrutirung nach Wien. Seine Armee war ziemlich geschmolzen, und wäre noch kleiner gewesen, wenn der obengemeldete Obriste nicht mit acht Compagnien Kavallerie zu ihm übergetreten wäre. Weil Rakotzy bemerkte, daß Heisters Armee so beträchtlich geschmolzen war, so faßte er den Entschluß, ihm die Zufuhr abzuschneiden, und ihn durch immerwährende Märsche und Contremärsche zu ermüeden: Er beorderte die Generale Bertschenzi, Karoly und Otskay, häufige Ausfälle zu machen, und sich sodann eben so geschwind wieder zurückzuziehen. Dieß thaten sie dann auch, der eine fiel in Steyermark, der andere in Oesterreich, der dritte in Mähren ein. Heister wußte nicht, gegen welchen er sich setzen sollte, und vermuthete, sie würden sich alle auf einem bestimmten Punkte vereinigen; daher hielt er fürs rathsamste, ruhig in seinem Lager zu bleiben, bis frischer Zuwachs von Wien kommen würde, wodurch er am besten das Projekt der Feinde zu Wasser machte. Ofen befand sich wirklich in einer bedenklichen Lage, und war so eingeschlossen, daß es nicht einmal Bericht nach Wien abstatten konnte; auch fieng es schon an, an Lebensmitteln zu mangeln. Rakotzy ließ

alles

alles, was von Deutschen weit und breit in Ungarn zu finden war, niederhauen, um die Macht der Kaiserlichen zu schwächen; daher sich auch alle Ausländer flüchteten, welche nicht ihre Pflicht dazubleiben verband. Wirklich war man nirgend vor Rakotzy und seinem Anhange sicher, weil sie wie die Tartarn das ganze Land durchstreiften und unsicher machten.

§. 23.

Nun ließ der Kaiser alle Mannschaft aus Bayern nach Ungarn marschiren, die er dorten entbehren konnte, welche in wenig Regimentern bestand, weil dorten noch nicht alles ruhig war. Und nun rückte General Heister aus der Gegend von Preßburg weg gegen die Morava zu, um Mähren gegen die Feinde zu decken. Fürst Rakotzy befahl allen Landleuten in der ganzen Gegend von Pest und Ofen, sich zurückzuziehen, und alle ihr Vieh und Getreide mit zu nehmen, damit die Belagerten zu Pest und Ofen nichts zu ihrem Unterhalte habhaft werden könnten. Baron Sirmay und Szerseni, Erzbischof von Colocz, unternahmen neuerdings das Geschäfte, Frieden zwischen Ungarn und dem Kaiser zu stiften; ungeachtet die Feindseligseligkeiten bey Schnee und Eis den ganzen Winter durch dauerten. Unterdessen war auch Graf Rabutin in Ungarn sehr thätig. Es fand sich für ihn eine sehr vortheilhafte Gelegenheit, mit 2000 Mann ein sehr zahlreiches Corps von Mißvergnügten zu überfallen, zu trennen, und den größten Theil zu Gefangenen zu machen. Er zog sich sogleich wieder unter die Kanonen von Herrmannstadt zurück, weil er zu schwach war, um gegen fünf mächtige Armeen, die Rakotzy und seine Verbündeten auf den Beinen hatten, im freyen Felde zu agiren. Um diese Zeit belagerte Bertschenzi und Esterhazy Papa, und nahmen es ein.

§. 24.

Bis hieher begnügte sich Rakotzy damit, bloß Mannschaft nach Siebenbürgen zu schicken, nun wollte er sich aber auch persönlich seinen Freunden zeigen, auch hatte er nichts zu befahren, weil Graf Forgatsch den General Rabutin bereits in Herrmannstadt eingeschlossen hielt. Graf Karoly wurde dagegen von dem General Heister ziemlich in die Enge getrieben. Doch war man in Wien mit diesem General in diesem Feldzuge nicht ganz zufrieden. Man beschulschuldigte ihn, daß er aus Unbedachtsamkeit die Grafen Esterhazy und Otskay hätte die Städte Modern, Posing und Sanct Georg einnehmen lassen, welche der Schlüssel nach Preßburg wären; daß er den Grafen Karoly nicht so weit verfolgt hätte, daß man bey dieser Gelegenheit Comorren hätte decken können. Allein er rechtfertigte sich vollkommen und bewies: daß die vorgeblichen Fehler in der Schwäche seiner Armee und in der Stärke des Feindes ihren Grund gehabt hätten. Die Einfälle in Mähren verursachten um diese Zeit die Uebergabe der Stadt Hradich, an der Morava gelegen, an die Mißvergnügten; General Rabutin war noch immer in Herrmannstadt vom Grafen Forgatsch mit 20000 Mann eingesperrt. Um diese Zeit erhielt der Kaiserhof von der Pforte die erfreuliche Nachricht, daß der Sultan, wahrscheinlich wegen innerlicher Unruhen, in die Sache der Mißvergnügten sich nicht mehr mischen, sondern ganz nach dem Carlowitzer Friedensschluße sich halten, und mit dem Kaiserhofe in gutem Einverständnisse bleiben werde.

§. 25.

§. 25.

Kaiser Leopold war bey diesen Nachrichten schon etwas unpäßlich. 1705. Allein in wenig Tagen artete diese Unpäßlichkeit in die gefährlichste Krankheit aus, die ihm kurz darauf, den 5. May 1705. in einem Alter von 65 Jahren den Tod brachte. Dieser Monarch erfuhr während seiner Regierung außerordentliche, theils glückliche, theils unglückliche Begebenheiten. Er war in Gefahr, durch den Großvezier, Kara Mustapha, seine Residenz zu verlieren, flüchtete sich nach Linz und Passau, und in dem Augenblick des höchsten Unglücks kam Johann Sobiesky, König von Pohlen, und schlug den mächtigen Feind zurück. Von diesem Augenblick an war das Glück auf seiner Seite, im ungarischen, wie im französischen Kriege; er gewann in kurzer Zeit durch seine vortreflichen Generale wieder, was seine Vorfahren seit langer Zeit verloren hatten. Er bewirkte in kurzer Zeit das, was Karl der fünfte und sein Bruder, Ferdinand der erste, mit aller ihrer Thätigkeit nicht zu Stande bringen konnten, unumschränkte Macht im deutschen Reiche zu haben, und würde ein gleiches Ziel

auch

auch in Ungarn erreicht haben, wenn er länger gelebt hätte. Man setzte ihn gleich nach seinem Tode in einem seidenen Kleide mit schwarzen Florstreifen auf dem Paradebette aus. Bey seinem Haupte lag die Kaiserkrone, der Reichsapfel und der Scepter mit der Toisonkette, dem Degen und dem Herzogshute, zu beyden Seiten lagen die ungarischen und böhmischen Kronen.

§. 26.

Vier Tage lang stand er so in kaiserlicher Pracht zur Schau, bis er in die Gruft seiner Väter zu den P. P. Kapuzinern in Wien gebracht wurde. Sein Herz wurde gleich nach der Section in die Hofkirche zu den Augustinern, und sein Eingeweide bey Sanct Stephan beerdigt. Vier und zwanzig Edelleute trugen ihn zu Grabe. Der römische König, die Königin, die Erzherzoginnen, das Militair und die Geistlichkeit begleiteten ihn im feyerlichen Pomp zu Grabe unter düstern Posaunen, und Trompetentönen. —

§. 27.

Sobald der römische König den Kaiserthron bestiegen hatte, wendete er sich sogleich

an

an die ungarische Nation, und machte ihr kund, daß er keine Rückſicht auf die Klagen nehmen wollte, die ſein Vater gegen ſie geführt hätte; daß er ſie mit Sanftmuth behandeln und ſich durch einen vortheilhaften Vergleich mit Ihnen ausſöhnen wolle. Zugleich aber bedrohte er, ſie mit 50000 Mann ſie zum Gehorſam zu zwingen, wenn ſie ſeine Gnade nicht achten würden. Allein die Gemüther waren ſchon zu ſehr erbittert, als daß ſie der Stimme der Vernunft Gehör gegeben hätten. Kaiſer Joſeph ſchickte auf der Stelle 100000 Gulden dem Fürſten von Baden, und eben ſo viel dem Prinzen Eugen nach Italien, auch ließ er in Ungarn ungeheure Magazine anlegen. Deswegen war Rakoßy boppelt auf ſeiner Hut; er befeſtigte Földwar und Neuhäuſel ſo viel als möglich, weil er merkte, daß die Kaiſerlichen ein Abſehen darauf hatten. Eine Abtheilung ſeiner Armee hatte ſich wirklich ſchon der Raizenſtadt zu Ofen bemächtigt und Peſt enge blokirt. Während daß Graf Forgatſch in Siebenbürgen vor Hermannſtadt lag, und den Grafen Rabutin einſchloß, ſo beſorgte Rakoßy die Blokade von Großwardein, und die Einnahme der an der Theiß liegenden Plätze. —

§. 28.

§. 28.

Zu Wien wurden zu dieser Zeit die Exequien des erblichenen Kaisers mit aller erdenklichen Pracht gefeyert. Der Cardinal Kollonitsch hielt den ersten Tag das Seelenamt, der Erzbischof von Wien das zweite, und die Bischöfe von Neustadt und Thina die übrigen. Die Kirche war ganz mit schwarzem Tuch ausgeschlagen und mit Wappen, Adlern und Leuchtern behängt, unter welchen Wappen und Insignien die Namen der Länder und Reiche bemerkt waren. Mitten in der Kirche stand ein prächtiges erhäbenes Mausoleum, das bis an die Decke reichte und rings um von oben bis unten mit großen weißen Wachswindlichtern erleuchtet war. Zu oberst auf dem Mausoleum stand der Sarg, und um denselben waren alle Zeichen der kaiserlich-königlichen Würde vertheilt. Der König und die Königin nebst dem ganzen Hofstaate waren zugegen, um den Exequien und Vigilien beyzuwohnen.

§. 29.

Während dieser Zeit wurden alle Anstalten zum neuen Feldzuge gemacht, die Magazine gefüllt, und alle Mannschaft aus Bayern und den übrigen Theilen des Reichs, die entbehrlich daselbst war, nach Ungarn gezogen. General Herbeville erhielt in die Kriegskasse 200000 Gulden. Obrist Glockesberg ließ indessen die Blokade von Földwar aufheben, weil diese Festung in Rücksicht des freyen Passes nach Ofen von äußerster Wichtigkeit war, indem man dadurch neuerdings Kriegs- und Mundvorrath nach Pest und Ofen bringen konnte. — Der alte Fürst Esterhazy und Jessensky gab sich alle Mühe, den Rakotzy zum Frieden zu bereden: doch brachte es Jessensky nicht einmal so weit, mit dem Rakotzy sprechen zu können, weil dieser ihm mit vielem Stolze entbieten ließ: er wäre gar der Mann nicht, der mit einem souveränen Fürsten in Unterhandlungen treten könnte. General Glockesberg glaubte, daß Rakotzy nach Einnahme der Festung Földwar jenseits der Donau nichts mehr unternehmen würde, und wunderte sich sehr, als er den Fürsten neuerdings Commorn und Gran besetzen, und die rechte Seite der Donau beunruhigen sah. Er bemächtigte sich auch des Platzes Tyrnau und befestigte ihn, welches den Generalen Glockesberg und Herbeville viele Unruhen verursachte, weil der General Otskay

mit

mit 10000 Mann an der Morava ſtand, Bertſchenzi mit eben ſo viel zu Neuhäuſel, und Rakotzy mit 15000 bey Peſt und Ofen war, Bu-
diani und Karoly hingegen in der Gegend von
Großwardein und Gyula ſtanden, und öftere
Ausfälle bis vor die Thore von Arad machten,
während daß Graf Forgatſch in Siebenbürgen
ziemlich viele Verheerungen anrichtete, und dem
General Rabutin zu Leibe gieng. —

§. 30.

Rakotzy erwartete täglich ſein ſchweres
Geſchütz von Kaſchau, um die Blokade von
Peſt in eine förmliche Belagerung verwandeln
zu können. General Glockesberg näherte ſich
allmählig mit ſeiner Armee dieſer Stadt, um
dieſelbe, wo möglich, zu entſetzen. Es gelang
ihm auch, ein neues Regiment in die Stadt
hinein zu werfen; auch wollte er dem General
Rabutin, der in der äußerſten Gefahr war, zu
Hülfe eilen; allein dieſem war weit ſchwerer bey-
zu kommen. Rakotzy hatte indeſſen ſein Corps
d'Armee bis 20000 Mann verſtärkt und Zuwachs an Artillerie bekommen, war unweit
Peſt die Gran paßirt, und war in der Nachbar-
ſchaft von Neuhäuſel einerſeits von dem Gra-

fen

fen Bertſchenzi, der mit 10000 Mann vor Leopoldſtadt lag, andrerſeits vom General Otskay, der zwiſchen der Trentſchin und Morava ſtand, ſecundirt. Es iſt unbegreiflich, wie Rakoßy mit einer ſtehenden Macht von 60000 Mann ſo wenig unternahm und ſeine Mannſchaft muthwillig durch unnöthiges Hin- und Hermarſchiren ſelbſt abmattete. Die Zahl der kaiſerlichen Armee war freylich viel geringer, allein ſie waren gut in Waffen geübt, und ſtritten auch für die gute Sache, die allezeit den Krieger mit Muth befeuert. —

§. 31.

Um dieſe Zeit lieferte General Herbeville die bedeutende Schlacht bey Leopoldſtadt. Die Regimenter Hannover und Thurn überwältigten die feindlichen Verſchanzungen und richteten ein ziemliches Blutbad an. Auch glaubten die Mißvergnügten ſchon, daß der General Otskay im Treffen geblieben; allein er hatte ſich nur auf der Flucht verirrt, und traf wieder ein. — Generals Herbeville Hauptabſicht war nun, die Feſtungswerke von Leopoldſtadt zu ſchleifen; allein als ein guter General ſah er gar wohl ein, daß er von den Truppen der Miß-

ver-

vergnügten, die die ganze Gegend, und besonders bey Commorn durchstreiften, sehr viel zu befahren hätte. Auch Graf Bertschenzi paßirte schon die Waag, um Leopoldstadt zu Hülfe zu kommen. Deswegen hielt sich General Herbeville nicht länger in einer Gegend auf, wo er gar leicht hätte vom Feinde umringt werden können, sondern retirirte sich auf die Insel Schütt, wo er sicher war. —

§. 32.

In einigen Briefen erhielt General Herbeville vom Wiener Hofe aus die Ordre, alles andere stehen zu lassen, und eiligst nach Siebenbürgen dem General Rabutin zu Hülfe zu eilen, der äußerst gedrängt wurde; auch, wenn es möglich wäre, auf seinem Zuge die Blokade von Großwardein aufzuheben, weil durch diesen Entsatz alle Plätze an der Theiß gerettet wurden. Welchem Befehl nach zukommen General Herbeville auf der Stelle alle nöthige Anstalten machte; ob es ihm gleich immer sehr gefährlich schien, Oesterreich, Mähren und Steyermark den Einfällen des Feindes Preis zu geben. Der Kaiserhof glaubte gar nicht, daß es der Mühe werth wäre, dem Fürsten Rakotzy den Titel eines Souveräns

H 4   von

von Siebenbürgen streitig zu machen, weil diese angemaßte Würde sich sogleich verlieren würde, sobald die kaiserliche Armee mit dem Degen in der Faust sich des Landes bemächtigt haben würde, weil der Fürst Rakotzy sein Recht auf dies Land bloß auf den Ausruf einiger Mißvergnügten stützen konnte. Und nun mußte also die Sache durch das Kanonenrecht ins Klare gesetzt werden. General Herbeville verließ also mit dem größten Theile seiner Armee die Insel Schütt, und ließ daselbst nur einige Regimenter unter dem Commando des Grafen Palfy, weil bereits seit einigen Tagen von Wien aus einige frische Regimenter erwartet wurden, welche zu diesen stoßen sollten. Sobald Rakotzy hörte, daß General Herbeville sein Absehen auf Siebenbürgen und Großwardein gerichtet habe, so zog er sich eiligst an die Theiß, um dem Herbeville den Uebergang streitig zu machen, weswegen dieser sogleich den Entschluß faßte, fürs erste diesen Gedanken fahren zu lassen, und sich lieber um die Lage der Städte Ofen und Pest, die schon lange von dem Feinde blokirt waren, zu bekümmern. Nahe bey Ofen musterte General Herbeville seine Armee, und weil er fand, daß die Zahl der Krieger zu

ei-

einem so großen Unternehmen viel zu schwach war, so zog er noch die Regimenter des Grafen Palfy und einige, die unter Glockesbergs Commando standen, an sich. Sodann beschleunigte er seinen Marsch rechts nach der Theiß, und hörte in dieser Gegend, daß eine Armee nicht weit davon zu seinem Empfange bereit wäre, und eine andere an dem Flusse Ingira unter Lastuna seiner wartete. Herbeville bediente sich einer Kriegslist, um diesen Armeen auszuweichen, wandt sich ein wenig links ab, und nahm den Weg auf Tetounan zu, wo er in aller Eil eine Schiffbrücke schlagen ließ, und den Fluß wider alles Vermuthen der Mißvergnügten paßirte. Fürst Rakotzy hielt nun fürs klügste zuzugeben, was er nicht hindern konnte, und den General Herbeville in Siebenbürgen einrücken zu lassen; weil er hoffte, diese Armee würde bey einer so weiten Entfernung von ihrem Vaterlande, ohne Zufuhr und Rekrutirung, mit der Zeit aufgerieben werden. Das Land Siebenbürgen strebte er so zu Grunde zu richten, daß er nicht viel Mundvorrath daselbst finden könnte.

H 5 §. 33.

§. 33.

General Herbeville hatte auf der Stelle Nachricht von den Planen des Fürsten Rakotzy, und beorderte deswegen den Glocksberg, über die Theiß voran zu marschiren; er fand den Paß leer, allein anstatt auf Szolnock loszugehen, wie die Mißvergnügten es vermuthet hatten, marschirte er ohne einiges Hinderniß nach Segedin, und General Herbeville folgte ihm auf dem Fuße über die Schiffbrücke nach, welche ihm Graf Lauenburg schon vorher hatte schlagen lassen. Er marschirte nun schnurgerade auf die Festung Großwardein zu, welche schon durch zwey Jahre blokirt wurde und in den letzten Zügen lag. Die Armee des Generals Herbeville war unter der Zeit durch eine beträchtliche Anzahl Raizen verstärkt worden, und belief sich auf 35000 Mann: der Theil der Mißvergnügten, welcher sich nun vornahm, die kaiserliche Armee einzuschließen, war gegen 15000 Mann stark, und General Herbeville glaubte zuverläßig, daß es hier schwerlich ohne ein blutiges Treffen ablaufen würde.

§. 34.

Unterdessen arbeiteten noch immer die holländischen und englischen Gesandten an einem

Vergleiche; Breunings und Stipney machten sich auch schon mit Passeporten vom Fürsten Rakotzy auf den Weg nach Preßburg, um von da nach Tyrnau, als dem bestimmten Orte der Zusammenkunft, zu gehen. Von Seiten des Kaiserhofs wurde der Graf von Wratislaw, und der Obristhofkanzler, Graf von Zinzendorf, erwählt; doch war wenig Hofnung zur Ruhe da, weil Rakotzy und seine Anhänger durchaus nicht von ihren unbefugten Forderungen abstehen wollten. Der Kaiserhof gab so viel noch nach, daß er dem Fürsten Rakotzy gänzliche Amnestie versprach, und ihn als Reichsfürsten erklären, auch für ihn und seine Nachkommen die Grafschaft Burgau in Bayern gelegen, einräumen wollte, wenn er nur des Bürgerblutes schonen und ruhig werden wollte. Allein Rakotzy wollte sein eigener Herr werden, und durchaus nicht unter dem Kaiser stehen; er wollte durchaus unumschränkter Fürst in Siebenbürgen seyn. Glücklich wäre es für ihn gewesen, wenn er diese unverdiente Gnade des Kaiserhofes mit beyden Händen ergriffen hätte. Der Bischof von Osnabrück, Prinz von Lothringen begleitete die hohen Mittelspersonen nach Preßburg, um sich dorten mit dem Grafen

Bert-

Bertschenzi und andern Mißvergnügten zu besprechen, die sich dieser Unterhandlungen wegen daselbst eingefunden hatten. Allein die Mittelspersonen mußten sich noch einmal nach Wien begeben, um einige Verhaltungsbefehle abzuholen, vielleicht auch, um sich vorher mit dem Grafen Marlborough, der gerade in Wien eintraf, besprechen zu können. Rakotzy gieng unter der Zeit einen Waffenstillstand ein, um nicht den Schein zu haben, als ob er muthwillig der Friedensstöhrer seyn wollte.

§. 35.

Die Fürstin Rakotzy, welche einige Monate nach Rakotzys Entweichung aus seinem Arreste zu Neustadt in einem Kloster zu Wien zugebracht hatte, wurde von der kaiserlichen Familie so gnädig behandelt, als ob man mit ihrem Manne auf dem freundschaftlichsten Fuße stünde. Sie war die tägliche Gesellschafterin der Kaiserin und der Erzherzogin. Weil sie sehnlichst wünschte, ihren Gatten zu sehen und sprechen zu können, so erlaubte man ihr so gar ihn zu besuchen, und ersuchte sie, daß sie sich alle Mühe geben möchte, den unruhigen Geist ihres Mannes zu beugen. Man hofte, sie würde der gütigen Behandhandlung wegen, die ihr in Wien wiederfuhr, alles anwenden, um ihn zur Ruhe zu bewegen. Allein die Fürstin war von eben dem gefährlichen Schwindelgeist nach Größe besessen, wie ihr Gemahl, und sie dachte an nichts weniger, als dieß zu thun, ob sie sich gleich stellte, als ob es ihr selbst um Ruhe und Friede zu thun wäre. Der Erfolg zeigte auch, daß sie es eben so wenig, als ihr Mann mit dem Kaiserhofe aufrichtig meynte. Bey der Berathschlagung der Bevollmächtigten mit den Mißvergnügten wurden die alten bereits erwähnten Präliminarien wiederholt, und die letztern gaben hauptsächlich als den Grund der Unruhen an, daß Ungarn zu einem Erbreich gemacht worden wäre. — Die kaiserlichen Bevollmächtigten erwiederten, daß die ungarischen Reichsstände auf den Landtagen zu Preßburg und Oedenburg dieses selbst ausgemacht und zugestanden hätten, daß also darüber gar nichts mehr gesprochen werden könnte; daß sich der Kaiser nie in die besondern Angelegenheiten des Landes gemischt hätte, und die Ungarn mit der Regierung des verstorbenen Kaisers stets zufrieden gewesen wären. Bertschenzi erwiederte dagegen, daß die Landstände zu Preßburg und Oedenburg nichts, das

Gan-

Ganze des Landes betreffend, hätten entscheiden können, daß zu Stuhlweißenburg gegen diese Landtagssitzungen protestirt worden wäre, und daß sie auf die Fundamentalgesetze der Nation halten müßten. — Kurz es wurde viel pro und contra gestritten, und nichts ausgemacht, aber doch der Waffenstillstand verlängert.

§. 36.

Dadurch gewann der General Herbeville außerordentlichen Vortheil, weil ihm auf seinem Marsche nach Siebenbürgen von den Mißvergnügten nichts in den Weg gelegt wurde. Doch sah er nur gar zu wohl ein, daß die Mißvergnügten den Waffenstillstand nur deswegen eingiengen, weil sie hoften, daß der Kaiser einen Theil seiner Kriegsmacht aus Ungarn abrufen, und wo anders hin verwenden würde, welches aber nicht geschah. — Die ungarischen Mißvergnügten erwählten für dieses Jahr neuerdings den Fürsten Rakotzy zu ihrem Haupt, der ihnen abermals den Eid der Treue schwur. Sie machten durchaus die eifrigsten Vorkehrungen zur Fortsetzung des Kriegs und sahen den Waffenstillstand für nichts anders, als einen Respirationspunkt an. Sie wagten schon wieder

der Einfälle in Steyermark, Oesterreich und Mähren, wie zuvor; und General Herbeville beschleunigte seinen Marsch nach Siebenbürgen. Er hub unterweges die Blokade von Großwardein auf; Fürst Rakotzy hingegen hatte die Absicht, unterstützt vom Grafen Karoly und Esterhazy, mit seiner Armee dem General Herbeville den Einmarsch in Siebenbürgen streitig zu machen. Den Generalen der übrigen Truppen gab er den Befehl, diesen General auf dem Marsche so viel als möglich zu necken. Allein Herbeville kam nichts destoweniger glücklich au Ort und Stelle, wo Fürst Rakotzy ihn schon erwartete; dieser hatte ihm auf dem ganzen Wege Verhaue von Bäumen gemacht, um den Marsch zu erschweren; allein Herbeville merkte dieses, und nahm einen andern Weg, der sehr unzugänglich schien und ihm doch im Grunde den Marsch verkürzte und erleichterte; so daß er dem Feinde auf dem Halse war, als es sich dieser am wenigsten vermuthete. Nun sah sich Rakotzy gezwungen, dem Feinde, der ihm an Mannschaft überlegen war, bey Sio im October ein Treffen zu liefern, das ihn außerordentlich viel Leute kostete, denn beynahe sein ganzes Hintertreffen wurde von dem

Fein-

Feinde in Stücke zerhauen. — Während dieser ganzen Zeit dauerten die Friedensunterhandlungen immer fort, ohne daß etwas entschieden wurde.

§. 27.

Das Jahr 1705 endigte sich mit dem Einmarsch des Grafen Herbeville in Siebenbürgen, welcher den General Rabutin in den Stand setzte, sich wieder außer den Mauern von Hermannstadt zu zeigen und im offenen Felde erscheinen zu können. Viele Städte in Siebenbürgen, die auf Rakotzys Seite gewesen waren, traten wieder unter kaiserlichen Schutz zurück. Im Anfange des Jahres 1706 trat die Fürstin Rakotzy ihre Reise zu ihrem Gemahl an. Der Kaiser ließ sie vorher noch zu sich ins Cabinet kommen, beurlaubte sie sehr gnädig, sagte ihr alles das, wovon bereits schon Meldung geschehen, daß sie ihren Gatten bereden sollte, seine gefährlichen Plane fahren zu lassen; legte ihr das Wohl und Weh ihrer Kinder ans Herz, daß durch einen traurigen Ausgang des Krieges auch die unschuldigen Kinder leiden würden; daß der Fürst durch die Grafschaft Burgau, die der Kaiser ihm und sei-

seinen Erben geben wollte, mehr gewinnen
würde, weil sie einträglicher wäre, als das
ganze Fürstenthum Siebenbürgen. — Sie versprach zwar, ihn von seinen Unternehmungen
abzuhalten, allein sie vergaß ihres gegebenen
Wortes, weil sie selbst der stolze Gedanke schmeichelte, regierende Fürstin eines so schönen Landes zu seyn. — Sie schrieb dem Kaiser aus ihres Mannes Lager, daß sie alle Versuche gemacht, den Fürsten, ihren Gatten, nach des
Kaisers Willen zu lenken, daß er aber von seinem gefaßten Vorsatze nicht mehr abzubringen
wäre. — Sie machte kurz darauf einen Versuch, ihre Kinder heimlich aus den Händen des
Kaisers wegzubringen; allein er mißlang ihr,
und sie wurde wieder in ihr voriges Kloster gebracht.

§. 38.

Unterdessen dauerte der Waffenstillstand
noch immer fort; die Kaiserlichen lagen in Siebenbürgen ruhig in den Winterquartieren, allein
die Generale des Fürsten Rakotzy waren nicht
so sehr Sclaven ihres Wortes, und brachen
bald in Steyermark, bald in Oesterreich, bald
in Mähren ein, so daß sich der Kaiser durch

J seine

seine Bevollmächtigte gegen den Fürsten Rakotzy beschwerte, der dagegen vorwendete, daß dieses ohne sein Wissen geschehen wäre. Die Friedensunterhandlungen giengen inzwischen den vorigen Schneckengang fort. Rakotzy berief ebenfalls zu Neuhäusel zum Scheine die Vornehmsten der ungarischen Nation zusammen, um sich mit ihnen über die Sache zu besprechen; ungeachtet er nicht im Sinne hatte, nur ein Haar breit von seinen bereits erwähnten Forderungen abzugehen. Der Waffenstillstand gieng also wieder zu Ende; und General Herbeville nahm in einigen Tagen in Siebenbürgen ohne vielen Verlust die Festung Dewa ein, welche ebenfalls, wie mehrere, kurze Zeit vorher dem Fürsten Rakotzy gehuldigt hatte, und versah sie mit einer starken Garnison.

Ende des dritten Abschnitts.

Leben des Fürsten Franziskus Rakoßy.

Vierter Abschnitt.

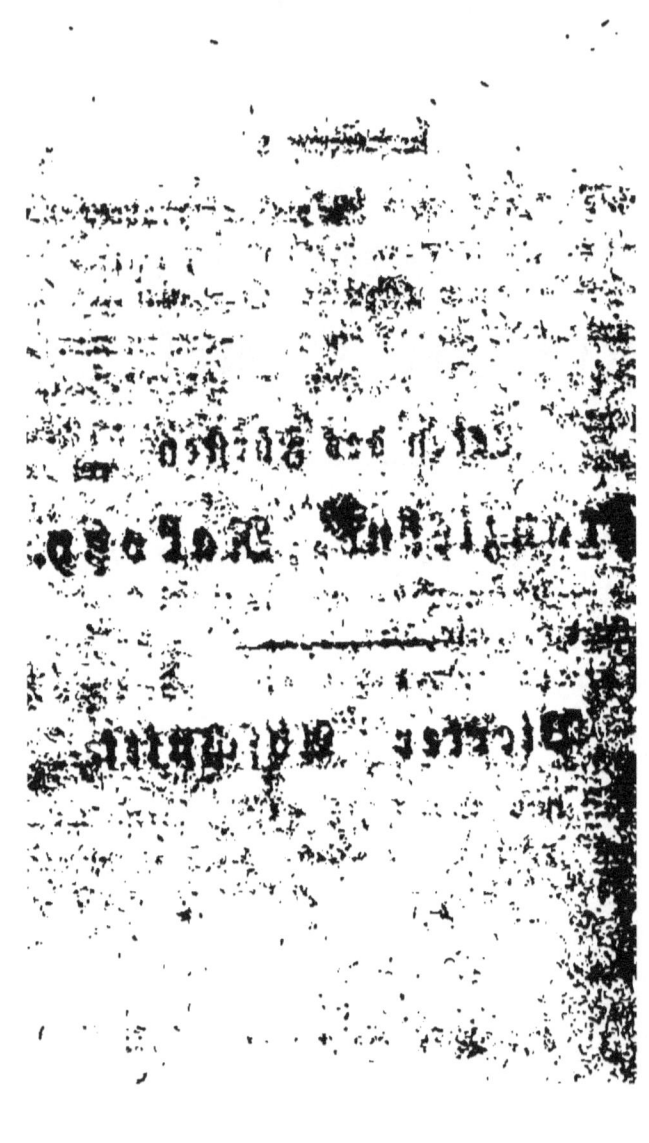

Leben des Fürsten
Franz Rakotzy.

Vierter Abschnitt.

§. 1.

Im Anfange des Jahres 1706 begab sich Rakotzy von Tyrnau nach Erlau, um die Blokgbe von Großwardein wieder zu bewerkstelligen, welche General Herbeville im vorigen Jahre auf seinem Marsche nach Siebenbürgen aufgehoben hatte. Die Kaiserlichen fanden ebenfalls Mittel, nach Ofen, Pest und Comorn durch Hülfe der Schiffe, die von Wien kamen, Lebensmittel zu bringen; welches die Mißvergnügten nicht verhindern konnten, da sie sehr wenig Schiffe hatten. Der Stadt Oedenburg aber, die ebenfalls stark blokirt war, konnten sie nichts beybringen. Rakotzy

kotzy wiegelte in geheim einige Siebenbürgen auf, welche nach Wien giengen, um sich über das Betragen der kaiserlichen Truppen zu beschweren; worauf sich der Kaiser wirklich entschloß, einige Mannschaft unter dem Commando des Generals Rabutin nach Ungarn marschieren zu lassen; allein weil es sich nachher zeigte, daß diese Klagen ungegründet waren, so blieb alles wieder in seinem vorigen Stande. Fürst Rakotzy strich immer an den Gränzen von Siebenbürgen herum, um die Kaiserlichen bey dem Rückzuge, den er vermuthete, zu beunruhigen, und sie von einer Unternehmung auf Großwardein oder Segedin zurück zu halten; welche beyde Festungen er blokirt hielt; seine andern Truppen streiften in Mähren und Oesterreich beynahe bis vor die Thore von Wien. Herbeville und Rabutin paßten auf eine gute Gelegenheit, um die Scharte wieder auszuwetzen, die sie bey der Festung Altenburg durch die Mißvergnügten erlitten hatten.

Im Monat März 1706 wurde abermals von beyden streitenden Theilen in einen Waffenstillstand gewilligt, und die Prätensionen und Artikel,

unter

unter welchen der Friede geschlossen werden sollte, neuerdings erwogen. Die Artikel nebst den Antworten und Einwendungen des Kaiserhofes wurden in Wien gedruckt, und waren folgende:

Erstens: Daß der Kaiserhof andere Garanten für den Frieden wählen sollte, weil diese der Nation zu partheyisch wären. — Darauf antwortete der Kaiserhof, daß es unnöthig wäre, sich schon der Garanten wegen zu besorgen, ehe noch beyde Theile zu einem Vergleiche sich näher gerückt wären.

Zweytens: Daß das Fürstenthum Siebenbürgen dem Fürsten Rákotzy unabhängig gehören sollte. — Dagegen erwähnte der Kaiserhof, daß Siebenbürgen stets von der ungarischen Krone abgehangen habe; daß die Landstände zu keiner Zeit einen Wohywoden hätten wählen können, der ein Staatsbeamter des ungarischen Königs sey, und daß der Kaiserhof also dieses Recht der ungarischen Krone nicht vergeben könnte.

Drittens: Daß man alles das, was die Erblichkeit der ungarischen Krone beträfe, wieder abschaffen und einstellen sollte. — Darauf antwortete der Kaiserhof, daß diese Verfügung

fügung von den Landständen auf einem gesetzmäßigen Landtage, freywillig und ungezwungen, getroffen worden wäre; und es also dabey bleiben müßte.

Viertens: Daß alles fremde Kriegsvolk aus den Festungen sowohl, als aus dem übrigen Lande abgerufen werden sollte. — Hierüber erklärte der Kaiserhof, daß fremde Truppen nöthig wären, wie die ungarische Geschichte deutlich lehrte, um sie vor den vielen angränzenden Feinden sicher zu stellen; daß die einheimische Mannschaft dazu nicht hinreichte, daß aber dieser Punct auf dem nächsten Landtage genau erwogen werden sollte. —

Fünftens: Daß die Würde des Palatins ganz ihren vorigen Glanz wieder erhalten, und dem Grafen Bertschenzi zum Lohne für seine dem Vaterlande geleisteten Dienste ertheilt werden sollte. — Darauf antwortete der Kaiserhof, daß dieses Begehren gewillfahret und auf dem nächsten Landtage regulirt werden würde.

Sechstens: Daß die Würde und das Ansehen des Generalats nach den Gesetzen der Nation wieder bestätigt werden sollte — Der Kai-

Kaiserhof erwiederte, daß man dieses auf dem nächsten Landtage berichtigen könnte.

Siebentens: Daß das Schatzmeisteramt künftighin nur dem versammelten Landtage Rechenschaft zu geben hätte. — Der Kaiserhof antwortete darauf, daß dieses so sein Verbleiben haben sollte, wenn die Einkünfte des Reichs gut verwaltet und verwendet werden würden.

Achtens: Daß man die königliche Krone, und alle zur königlichen Krone gehörige Kleinodien und Schriften, in Zukunft wieder in Ungarn aufbewahren sollte. — Dagegen versetzte der Kaiserhof, daß dieses nach dem Wunsche der Nation auf dem nächsten Landtage ins Reine gebracht werden sollte, aber bis dahin alle diese Kostbarkeiten in Wien verwahrt werden würden.

Neuntens: Daß das Recht der Waffen auf ewig abgeschaft werden, und in allen Fällen nach den alten Rechten des Landes gesprochen werden sollte. — Dagegen wendete der Kaiserhof ein, daß das Recht der Waffen, oder das türkische Recht ein Recht wäre, das sich blos auf Sachen bezöge, welche beynahe ein

Jahr-

Jahrhundert in den Händen der Türken gewesen waren, und im letzten Kriege wieder erobert wurden, doch sollte es abgeschafft, und auf dem nächsten Landtag über ein taugliches Mittel berathschlagt werden.

Zehntens: Daß für die Nation ein eigener beständiger Kanzler gewählt werden sollte, daß kein Fremder in die Geschäfte der Nation künftig Einfluß haben dürfte, und daß die gesamte Hofkammer aus gebohrnen Ungarn zu wählen wäre. — Der Kaiserhof beschied die Bestimmung dieses Punctes ebenfalls auf den Landtag.

Elftens: Daß die Aemter und Würden des Reichs entweder denen zu Theil werden sollten, deren Vorfahren sie verwaltet hätten, oder denen, die dem Staate nützlich gewesen wären, ohne Rücksicht auf Religion, und daß diejenigen, welche nicht im Reiche seßhaft wären, auch kein Amt bekleiden könnten. — Der Kaiserhof erwiederte darauf, daß sein Augenmerk bey Aemtern und Würden zuerst stets auf die Nation gerichtet seyn würde; doch wäre er überzeugt, sie würden Männer, die sich um die Nation verdient gemacht hätten, nicht ausschlie schließen, wenn sie auch naturalisirte Ausländer wären.

Zwölftens: Daß die in dem Königreiche aufgenommenen Religionen, nehmlich die Evangelisch-Lutherische, Römisch-Catholische und Reformirte gleicher Rechte und Freyheiten genießen sollten. — Dagegen antwortete der Wiener Hof, daß für die freye und sichere Religionsübung dieser drey Glaubensgenossenschaften bereits auf den Landtagen gesorgt worden wäre und werden würde.

Dreyzehntens: Daß die Jesuiten, weil sie sich geweigert hätten, nach den Landesconstitutionen sich zu richten, das Königreich meiden sollten. Daß ihre Güter im Reiche die Geistlichkeit verwalten würde, diejenigen Reichthümer aber, die sie Familien durch List entzogen hätten, wieder denselben, oder ihren Erben zurückgegeben werden sollten. — Dagegen erwiederte der Kaiserhof, daß dasjenige, was den Jesuiten durch den Landvertrag von 1687 im 10ten Artikel zu Posen wäre verstattet und eingeräumt worden, nur durch einen andern Landtag, der darüber entscheiden sollte, wieder genommen werden könnte.

Vier-

Vierzehntens: Daß die Ordnung und das Procedurrecht des Landtages, so wie der außerordentlichen Octaven nach den bewußten Gesetzen gehalten werden, und daß der Fiscus diesen Gesetzen unterworfen seyn sollte. — Dagegen versetzte der Kaiserhof, daß dieses alles nach den Gesetzen moderirt und durch den Landtag ordinirt werden würde.

Funfzehntens: Daß der Fiscus den unschuldig Bestraften Genugthuung geben sollte. — Worauf der Kaiserhof bemerkte, daß allerdings auf die Unschuldigen, besonders zur Zeit der Tökölischen Unruhen von 1681—1687, bey dem nächsten Landtage das Augenmerk gerichtet werden sollte.

Sechzehntens: Daß alle Geschenke, Erlaubnisse, Freyheiten, Gnaden, Privilegien, die auf Rechnung und Kosten der Reichsgesetze geschehen wären, wieder caßirt werden sollten. — Der Kaiserhof willigte ein, daß alles auf dem nächsten Landtage abgeändert werden sollte, was zum Präjudiz und Schaden der Gesetze vergünstigt worden wäre.

Siebenzehntens: Daß die Kupfermünze abgeschaft werden sollte. — Der Kaiserhof be-

beschied die Entscheidung hierüber auf den nächsten Landtag.

Achtzehntens: Daß der Carlowitzer Friede, weil er gegen die Nationalgesetze geschlossen worden wäre, keine gesetzliche Kraft haben könne, und daß in Zukunft ohne Zuziehung des Palatins kein, die Nation betreffender, Tractat abgeschlossen werden sollte. — Wogegen der Kaiserhof antwortete, daß man dieses auf dem nächsten Landtage ebenfalls genau beherzigen werde.

Neunzehntens: Daß von beyden Theilen eine strenge Amnestie gehalten werden sollte. — Der Kaiserhof erwiederte dagegen, daß er die Ungarn nie als Rebellen angesehen hätte, die einer Amnestie bedürften, sondern ihnen seine Huld und Gnade angedeihen ließe, als guten Unterthanen, wovon jedoch diejenigen ausgeschlossen seyn müßten, die im Carlowitzer Frieden ausgeschlossen worden wären, so wie die, welche nach diesem wieder die Waffen ergreifen würden.

Zwanzigstens: Daß die Criminalverurtheilung und Achterklärung des Fürsten Rakozy und Grafen Bertschenzi, seines Generals,

caßirt

caßirt werden sollte — Wogegen der Kaiserhof
anregte, daß er dieses dem Landtage anheim
stellen, und alles Gute von der Huld und Gna
de Seiner Majestät erwartet werden könnte.

Ein und zwanzigstens: Daß die Pri
vilegien des Adels in seinem alten Werthe blei
ben sollten. — Worauf der Kaiserhof erinner
te, daß dieses stets geschehen wäre, und dem
Landtage überlassen werden würde. —

Zwey und zwanzigstens: Daß alle
Gesetze und die pacta conventa bestätigt wer
den sollte. — Welches der Kaiserhof ebenfalls
dem Landtage zur Entscheidung überlassen
wollte.

Drey und zwanzigstens: Daß alle
den Landständen zur Ratification vorgelegte
Gegenstände sollten ratifitirt, und für diesen
Friedensschluß in Gegenwart der garantirenden
Personen acceptirt seyn. — Wozu der Kaiser
hof beyfügte, daß, so bald der Friede zu Stan
de kommen würde, die Ratification berichtigt,
und von Seiner Majestät der dazu bestimmte
Landtag angezeigt werden würde.

§. 3.

§. 3.

Nach Verlauf der 14 Tage des Waffenstillstandes wurde von beyden Theilen auf Verlängerung desselben angetragen; den Mißvergnügen war besonders darum zu thun, daß die Erndte, welche vor der Thüre war, sicher eingesammelt werden könnte. — Eine Bedingung des Waffenstillstandes war, daß die Mißvergnügten auf der rechten Seite der Donau nicht die Leitha, und auf der linken nicht die Waag paßiren sollten. Also waren die Wege von Wien nach Tyrnau, das nicht weit von Leopoldstadt liegt, und jenseits der Waag sicher und frey für jedermann; und die Ungarn paßirten bey Nitra und Neuhäusel, und retirirten sich über die Raab, um dorten den Ausgang der Unterhandlungen abzuwarten. Unter der Zeit ließ der Fürst eine Menge Kanonen gießen und Pulvermühlen anlegen; Ein Beweis, wie wenig es ihm und den übrigen Mißvergnügten mit den Friedensunterhandlungen ein Ernst war, und wie wenig sie im Sinne hatten, ihre landesverderblichen Projekte fahren zu lassen.

§. 4.

§. 4.

Man sorgte jetzt in Wien für nichts so sehr, als die besetzten Plätze und Festungen in Ungarn mit hinlänglichen Lebensmitteln zu versehen, sondern auch der Armee in Siebenbürgen allen nothwendigen Kriegs- und Mundvorrath zu liefern; weil man leicht vermuthen konnte, daß nach einem so langen und beschwerlichen Marsche beydes ziemlich auf die Neige gegangen seyn mochte. Doch hofte man daselbst bis zum Monat Julius, daß die Mißvergnügten das Unbefugte ihrer Friedenspräliminarien einsehn, und sie etwas herunterstimmen möchten; denn Rakotzy konnte weder das Fürstenthum Siebenbürgen, noch Bertschenzi die Palatinatswürde erhalten; auf beyden Puncten bestanden sie aber noch eben so hartnäckig und fest, wie ehemals.

§. 5.

Herbeville gieng nach einiger Zeit aus Siebenbürgen nach Wien, um dem Kaiser von der Lage der Sachen in dieser Provinz Rechenschaft zu geben. Er meldete dem Kaiser, daß Rabutin außerordentliche Verstärkung an Mannschaft brauchte, wenn er die durch die Hauptarmee

armee wieder eroberten Plätze behaupten wolle, weil General Herbeville mit seinen Truppen nothwendig wieder weiter gehen, und einige Festungen in Ungarn entsetzen, andere decken mußte. Dieser Plan des Generals Herbeville hatte auch Schwierigkeit, weil Fürst Rakotzy wahrscheinlich ihm den Rückzug sowohl, als seine Unternehmungen in Ungarn von Schritt zu Schritt beschwerlicher machen würde. Sie versammelten sich zwar in dieser Absicht schon bey Clausenburg, auch schickte der Kaiser ihnen einige Truppen entgegen, die den Weg offen halten sollten; allein das Unternehmen schien doch zu gefährlich zu seyn, weil sie Gefahr liefen, von einer ungleich stärkern Anzahl der Feinde eingeschlossen zu werden. Sie blieben also für jetzt noch ruhig und stille in Siebenbürgen liegen, um einen bequemern Zeitpunct abzuwarten. —

§. 6.

Mittlerweile entkam Graf Dzinsky, der bis auf den letzten Augenblick muthig das Schloß Deva vertheidigt hatte, und den man in Hunyad schon als einen Gefangenen ansah, glücklich aus derselben. Er raffte auch einige

Mannschaft zusammen, und nahm, unterstützt von einer großen Anzahl von Edelleuten das Schloß Hatzeg, nahe an dem Passe, weg, welcher das eiserne Thor genannt wird. Später bemächtigte er sich auch des Platzes Marga, eines wichtigen Passes, und hieb die dortige Garnison zusammen. Fürst Rakotzy hatte nun aber nichts so sehr im Kopfe, als, in Siebenbürgen einzudringen; und Rabutin nahm alle seine Kräfte zusammen, um sich diesem Einfall entgegen zu setzen. — Sein Posten war allerdings einer der gefährlichsten: er stand in einem Lande, wo er sich auf keines Menschen Gesicht verlassen konnte, weil wirklich sehr viele, die es dem Scheine nach mit dem Kaiser hielten, heimlich dem Fürsten Rakotzy zugethan waren, und überhaupt der geheime Funken des bürgerlichen Kriegs im Herzen des Landes lange schon glimmte — denn Rakotzy hatte sichs große Summen kosten lassen, um dadurch alles liederliche Gesindel an sich zu ziehen, welches bey solcher Gelegenheit immer den größten Unfug anrichtet.

§. 7.

§. 7.

Das Ende des Waffenstillstandes rückte nun schon allmählich näher, nachdem er beynahe drey Monate gedauert, und beyde Partheyen sich durch die ganze Zeit nicht ein Haar breit näher gekommen waren. Die Mißvergnügten sahen sich in ihrer Meynung betrogen, indem sie glaubten, der Kaiser würde bey Anfange desselben einen Theil der Mannschaft sogleich aus Ungarn abmarschiren lassen, welches aber nicht geschah. Man machte nun im Gegentheile Vorkehrungen, den Krieg mit weit mehr Hitze fortzusetzen, als es bisher geschehen war. — Die Mißvergnügten wollten durchaus für die Friedensartikel mit der Garantie von Holland und England nicht zufrieden seyn, und verlangten den König von Schweden, den König Stanislaus, die Republik Pohlen und die Republik Venedig zu garantirenden Mächten; welches im Gegentheil der Kaiser nicht wollte. Deswegen zog er noch einige Mannschaft, die zum Prinzen Eugen nach Italien und zum Fürsten von Baden an den Rhein hätten gehen sollen, nach Ungarn, um die Sache ernstlicher zu betreiben. —

§. 8.

Um nun Niederösterreich vor den häufigen Einfällen der Feinde zu sichern, ließ der Kaiser eine acht Meilen lange Linie mit Verschanzungen von dem Ufer der Donau bis an die Ufer der Leitha, nach der Seite zu, wo Raab liegt, anlegen, weil diese Gegend der Wuth der Feinde immer am meisten ausgesetzt war. — Die Mißvergnügten hatten eine ziemlich ansehnliche Mannschaft auf den Beinen; sie zählten sich gegen 30000 Mann stark, deren größte Anzahl Fremdlinge waren, die aus Pohlen, aus der Wallachey, aus der Türkey, selbst aus Bayern unter Rakotzys Fahnen sich sammelten; und Rakotzy würde viel mit dieser Mannschaft haben ausrichten können, wenn er mehr geschickte Officiere gehabt hätte, und die Gemeinen besser regulirt, und an Subordination gewöhnt gewesen wären. Die kaiserlichen Truppen in Siebenbürgen wären gern ausgerückt, wenn des Grafen Karoly Heer, das auf ihren Ausmarsch paßte, nicht zu sehr ihnen überlegen gewesen wäre; auch zeigte sich der Gouverneur von Temeswär sehr feindselig, indem er nicht leiden wollte, daß die kaiserlichen Truppen auf türki-

schem

schem Boden fouragiren durften, so wie er
sogar den Officieren der kaiserlichen Armee dem
freyen Paß nach Siebenbürgen bey Temeswar
vorbey verwehren wollte, und sich die Miene
gab, als ob er dieses auf Befehl der Pforte
thäte. — Man vermuthete daher nicht ohne
Grund, daß dieses eine mit der Pforte abgere-
dete Karte wäre, und daß der Großherr Gelegenheit suchte, den Frieden zu brechen, weil er
die geheimen Kabalen des Divans zernichtet,
und sich schon fester und sicherer, als vorher,
auf seinem Throne glaubte.

§. 9.

Um diese Zeit herum schickte auch Rakotzy
abermals Deputirte an die Pforte ab, die der
Großherr weit freundschaftlicher, als jemals,
empfieng. Dieses bestärkte den Kaiserhof in
dem schon vorgefaßten Argwohn; und verursachte, daß derselbe, um sich sicher zu stellen,
den Herrn von Garient als Gesandten an die
Pforte abschickte, damit er, wenn es möglich
wäre, die landesverderblichen Machinationen
der Mißvergnügten durch seine Gegenanstalten
vereiteln möchte. Er war mit schönen Geschen-
ken für den Großherrn und einige Minister beladen

laben, weil man in Wien wohl wußte, daß man mit Gold und Juwelen an der Pforte jederzeit glücklich arbeiten konnte, und schon gewohnt war, dieselbe jederzeit bey benachbarten Kriegen im Trüben fischen zu sehen.

§. 10.

Die Pforte kannte ihren Vortheil zu gut, als daß sie mit dem Kaiserhofe hätte brechen sollen. Sie sahen ein, daß, wenn die Sache der Mißvergnügten übel ablaufen würde, sie sodann das Bad ausgießen müßten; ob sie gleich herzlich Lust gehabt hätten, bey der Gelegenheit im Geheim ihr Spielchen mit zu machen. Ueberdies wußten sie wohl, daß der Kaiserhof den Krieg mit Frankreich schließen konnte, wenn er wollte; weil er nur die Thronfolge des Hauses Oesterreich in Spanien nach Karls des zweyten Tode betraf. Wäre von dieser Seite Friede, so würde dann mit den Mißvergnügten kurzes Spiel gemacht werden, und würden es diejenigen mit dem Hause Oesterreich allein auszubaden haben, welche ohne alle Ursache das Feuer der Zwietracht angeblasen und genährt hätten. Dann könnte Oesterreich mit See- und Landmacht, durch Beyhülfe

hülfe der alliirten Venetianer, Ungarn und Reichsglieder herfahren, und großes Unheil stiften. — Dieses alles beherzigte der Großherr mit dem Divan weit und breit, und das Resultat davon war, den Frieden von Carlowitz in Ehren zu halten, und bey der Sache der Mißvergnügten durchaus neutral zu bleiben. —

§. 11.

Ueberdies sah sich der Kaiserhof durch seine hohen alliirten Mächte, England, Holland, Portugal und Savoyen, sattsam unterstützt, und hatte nicht nöthig, seinen Forderungen und Gerechtsamen weder in Ungarn noch in Spanien ein Haarbreit zu vergeben; obgleich durch die Abtretung von Siebenbürgen er sich den Rakotzy und seinen Anhang mit leichter Mühe hätte vom Halse schaffen können. Gründe genug, warum Achmet, der auf seinem Throne gar nicht feste saß, sich durchaus in keine weitere Händel mit Oesterreich einlaffen wollte. Ueberhaupt hatte die Pforte im letzten Kriege viel gelitten, Belgrad und Ofen verloren, das ein schöner Stein der türkischen Krone war, und die Macht der Pforte in Europa unendlich geschwächt hatte. — Ueberdies mußte wußte der Großherr aus Erfahrung, wie wenig er sich im Felde auch auf seine besten Generale verlassen konnte! — Das Beyspiel des Kara Mustapha, der vor Wien geschlagen, und die Stadt, die er wirklich schon so gut als besaß, gegen alle gesunde Vernunft verloren hatte, schreckte den Divan noch immer von jeder Unternehmung gegen das Haus Oesterreich ab. Der Kaiser dagegen hatte nicht nur geschickte Generale, sondern auch Truppen, welche ihre Ueberlegenheit über das türkische Gesindel fühlten, und aus Erfahrung überzeugt waren, daß jede deutsche Schwadron im Stande sey, zwey türkische über den Haufen zu werfen, da die Ottomannen im Serail weit bessere Helden sind, als im Laufgraben. Doch that der Gouverneur von Temeswar den Mißvergnügten allen Vorschub; er gab ihnen sogar Leute, die an ihren Verschanzungen mitarbeiten halfen; welches den Mißvergnügten noch immer Hofnung machte, die Pforte einst in ihr Interesse ziehen zu können.

§. 12.

Unterdessen wußte Rakozy seine hochausgehenden Projekte meisterlich zu verbergen.

Nach

Nach Endigung des Waffenstillstandes hatte er bereits eine Macht von 30000 Mann bey Neuhäusel auf den Beinen, die mit 30 Kanonen versehen war. Doch konnte Starhemberg, der die kaiserliche Armee nach Herbeville kommandirte, noch nicht absehen, worauf eigentlich Rakotzys Vorkehrung gemünzt war. Rabutin in Siebenbürgen erhielt Befehl, die vornehmsten Plätze mit tüchtigen Garnisonen zu versehen und zur Hauptarmee zu stoßen. Die einzige Schwierigkeit war die Art, wie am besten herauszukommen wäre, da auf dem tauglichsten Wege über Temeswar der dortige Gouverneur wahrscheinlich den Kaiserlichen vielerley Hindernisse in den Weg legen würde, da er sich bisher schon ziemlich feindlich bezeigt hatte, indem er weder Proviant vorbeybringen, noch einzelne in Kriegsdiensten des Kaisers stehende Personen vorbey paßiren ließ. — Der beste und einzige Weg war also noch, die Defileen zu paßiren, welche Graf Karoly durch seine Mannschaft bewachen ließ, wobey es wahrscheinlich zu einem Handgemenge kommen mußte.

§. 13.

Die Friedensunterhandlungen standen nun abermals im weiten Felde, so sehr sich auch England und Holland bemühte, sie zu Stande zu bringen. Die Forderungen der Mißvergnügten waren zu ungezähmt, als daß der Kaiserhof sie hätte bewilligen können. Auch fanden sich beyde vermittelnde Mächte schon dadurch beleidigt, daß die Mißvergnügten ihre Garantie als partheyisch verwarfen. Die Mißvergnügten besetzten die Päße aus Siebenbürgen, um dem General Rabutin den Marsch zur Hauptarmee zu verlegen, während daß indessen die Kaiserlichen Mittel fanden, Pest, Ofen, Comorn und Gran mit Kriegs- und Mundvorrath zu versehen. —

§. 14.

Rakotzy fühlte bey jeder Gelegenheit nur zu sehr die Uebermacht der Kaiserlichen über seine Truppen, die nicht im Stande waren, nach Regeln der Taktik gegen den Feind im Felde zu agiren, sondern einzig und allein durch Excursionen und brüske Ausfälle und Streifereien, nach Art der Tartarn, dem Gegner zu schaden suchten. Er sah nur zu wohl, daß dieses gar

die

die Art nicht wäre, den geübten kaiserlichen Truppen etwas anhaben zu können, und dachte nun ernstlich darauf, sie besser zu exerciren, und zu vermögen, gegen den Feind Stand zu halten; — so wie auch die Plätze förmlich zu belagern, weil es sehr lange hergeht, bis man durch Blokade eine Festung einnehmen kann; und Ueberrumpelungen sehr selten glücken. Er publicirte gleich nach Endigung des Waffenstillstandes ein neues Manifest, welches kürzlich folgende Punkte enthielt:

„Daß sie, vermöge des Gesetzes Andreas „des II. das Recht hätten, ihren Königen in „Dingen, welche den Staat beträfen, zu wi„dersprechen, wenn sie selbige nicht für er„sprießlich hielten, ohne deswegen Rebellen zu „seyn; daß die Rechte der Nation wären ge„geschmälert worden, zwar ohne Wissen und „Willen des Monarchen, durch habsüchtige „Höflinge; daß der Monarch dieses selbst ein„gesehen, und zu Hebung der vorgefallenen „Zwistigkeiten Landtage zu Kaschau, Preßburg, „Altenburg und Oedenburg angeordnet hätte, „auf welchen aber von den Hauptpunkten wenig „entschieden worden wäre. Daß sie die Frey„heit

„heit der in dem Königreiche einmal tolerirten
„Religionspartheyen, so verlangten, wie sie
„ehemals gewesen wäre. Daß man ihnen die=
„ses zu keinem Vorwurf machen könnte, daß
„sie mit dem sogenannten Erbfeinde der christ=
„lichen Religion eine Allianz geschlossen hätten,
„weil ihre Gränznachbarschaft sie zu diesem poli=
„tischen Schritte genöthiget hätte, den man
„ihnen nicht verargen könnte, weil man aus
„der Geschichte wüßte, daß schon mehrere Mo=
„narchen und Völker ein Gleiches gethan hät=
„ten, und selbst aus der heiligen Schrift ein
„ähnliches Bündniß Abrahams mit heidnischen
„Völkern bekannt wäre. Daß der Hauptgrund,
„warum sie abermals die Waffen ergriffen hät=
„ten, wäre, daß der Landtag zu Preßburg
„1687 das Wahlreich Ungarn in ein Erbreich
„verwandelt hätte, womit sie unmöglich zufrie=
„den seyn könnten, weil es gegen ihre Reichs=
„verfassung wäre. Sie wären übrigens mit
„ihrem König, Joseph dem Ersten, vollkom=
„men zufrieden, und wären bereit, Blut und
„Leben für ihn zu lassen, wenn er die Forde=
„rungen ihrer Präliminarien und der damit
„verbundenen Friedensartikel eingienge."

§. 15.

§. 15.

Der Hauptgrund, warum sie also, diesem Manifeste zu Folge, die Waffen ergriffen hatten, war die Verwandlung des Wahlreichs in ein Erbreich, welches doch die Nation selbst auf dem obengenannten Reichstage zu Preßburg einmüthig und freywillig sanktionirt hatte. Es ist leicht zu begreifen, daß der Kaiserhof diese Forderung nicht bewilligen konnte. — Daher rüsteten sich beyde Theile gleich stark, den Krieg weiter fortzusetzen. Der Kaiser zog eine beträchtliche Anzahl der Truppen, welche Prinz Ludwig von Baden am Rhein gegen den Feldmarschall, Herzog von Villars, commandirte, von dieser Gegend weg, um sie nach Ungarn marschiren zu lassen; auch aus Bayern war eine starke Mannschaft auf dem Marsche begriffen. Rakotzy beschloß auch, seine Armee beßer zusammen zu ziehen, da sie bisher in vier bis fünf Haufen vertheilt agirte, und nicht viel ausrichten konnte. Allein die Haufen selbst, als auch die Anführer derselben, welche die tartarische Mode, durch Excursionen zu agiren, zu sehr gewohnt waren, und nicht dazu gebracht werden konnten, dem Feinde die Spitze

zu

zu bieten, waren mit dem Entschlusse des Fürsten Rakotzy nicht zufrieden, und so mußte er es also wieder beym Alten lassen. Otskay rückte mit einem Theile der Armee in möglichster Stille vorwärts, paßifte die Morava, fiel abermals in Mähren ein, und verheerte und plünderte alle die Plätze, welche ihm keine Brandschatzung schießen wollten.

§. 16.

Während daß Otskay in Mähren beschäftigt war, paßirte Fürst Rakotzy mit einem andern Theile der Armee die Donau, und belagerte Gran. Die Stadt ist in die obere Stadt, oder die Citadelle und in die untere Stadt abgetheilt. In wenig Tagen war er Meister der untern Stadt; weil es aber mit der Citadelle so geschwind nicht gehen konnte, so ließ er einige Mannschaft da, um dieselbe zu blokiren, gieng über die Donau zurück, und griff die kleine Festung Parkan an, welche an der Mündung des Flusses Gran, der Stadt Gran gegenüber, liegt. —

§. 17.

Sobald der General Starhemberg dieß hörte, machte er sich eilig dahin auf, um wo möglich

lich die Festung noch zu entsetzen; allein er kam schon zu spät; sie hatte sich bereits an die Mißvergnügten ergeben Nun konnte die kaiserliche Armee schon stärker agiren, weil sie beträchtlich vermehrt worden war. In den österreichischen Staaten wurden zu einem beträchtlichen Zuwachs Anstalten getroffen, indem der 6te Mann ausgehoben wurde; während daß schon eine starke Anzahl Reichstruppen in Ungarn einmarschirten, und aus der Lombardey, woselbst Prinz Eugen, um dem Herzog von Savoyen zu helfen, bereits bis Piemont vorgedrungen war, ebenfalls eine tüchtige Verstärkung erwartet wurde. Auch vom Rheine marschirten einige Truppen zurück, um die Angelegenheiten in Ungarn desto nachdrücklicher betreiben zu helfen. Von Seiten der Pforte hatte man jetzt wenig Zwischenwirkung zu befürchten, weil gleich darauf, als der Großherr mit dem Czaar von Rußland, der Gränzstreitigkeiten wegen, sich ausgeglichen hatte, neue Unruhen in Constantinopel entstanden. Ein Bascha, Namens Davila, bewirkte eine Gährung in Asien, indem er kund machte, daß er auf den ottomannischen Thron seinem funfzehnjährigen Neffen, Ibrahim, verhelfen wollte; weil er ein Sohn

des

des ältern Bruders Mustapha, und Enkel Mahomets des vierten wäre, welches dem Sultan Achmet abermals viel zu schaffen machte.

§. 18..

Am Ende des Jahres 1706 versuchten es die Mißvergnügten noch einmal, die Pforte auf ihre Seite zu bringen. Sie sandten mehr als 100000 Gulden Werths Geschenke, um damit den Herrn des Divans die Augen zu blenden. Bey einigen Großen des ottomannischen Reiches machten die prächtigen Geschenke auch wirklich die gewünschte Wirkung; sie schienen, so sehr auch die Bothschafter des englischen und holländischen Hofes dagegen arbeiteten, sich so ziemlich auf die Seite der Mißvergnügten zu neigen, und der Großherr würde wahrscheinlich der stärkern Parthey haben beytreten müssen, wenn er nicht auf die einleuchtendste Art dem Divan alle die traurigen Folgen dargestellt hätte, welche aus einem Friedensbruche nothwendig erfolgen müßten, der vor kurzer Zeit zu Carlowitz so heilig beschworen worden wäre. Die oben erwähnte, durch den Bascha Davila verursachte Gährung gab der Sache vollends

den

den Ausschlag, und es wurde beschlossen, neutral bey der Sache zu bleiben. —

§. 19.

Rakotzy hatte wirklich eine ansehnliche Macht von mehr als 50000 Mann auf den Beinen, mit der ein kluger General viel hätte ausrichten können. Allein der Grund, warum er nicht viel ausrichten konnte, lag in seiner Art Krieg zu führen. — Er arbeitete nicht in einem Corps d' Armée, sondern theilte seine Leute in zu viele Haufen, welches er vermuthlich thun mußte, weil viele Große Theil an seinen Projekten nahmen, die auch etwas zu commandiren haben wollten. Er hatte an den Wallachen, die er von Palatin zu Kyow und vom Fürsten Wisniovecky erhielte, sehr tüchtige Leute. Er nahm ohne viel Mühe Kalo und Komlio ein, und Nagybanya schwur ihm freywillig den Eid der Treue. Siebenbürgen schickte eine feyerliche Deputation an ihn ab, und erklärte ihn für seinen Großfürsten. Auch die Belagerungen von Neuhäusel, Waizen und Gran giengen ihm glücklich von statten. Und doch war er im Grunde mit so vieler Macht und so vielem Glücke nicht weit gekommen, weil er

L noch

noch keine einzige regelmäßige Schlacht gewonnen hatte. Die Kaiserlichen standen aller Orten wie Mauern, und so sehr er sich auch angelegen seyn ließ, seine zusammengerafften Truppen zu gleicher Kriegsart zu bringen, so war es doch vergebene Mühe. Die Mannschaft war der Streifereyen, Ausfälle und Retiraden zu gewohnt, als daß sie davon hätte abgebracht werden können.

§. 20.

1707.

Während daß die Friedensunterhandlungen alle Augenblicke angefangen und wieder unterbrochen wurden, begann und endigte sich das Jahr 1707. Rakotzys Hauptprojekt war gleich im Anfange dieses Jahres sich den Siebenbürgern persönlich zu zeigen, um zu sehen, wie sie ihn aufnehmen würden, und nach diesem Empfange seine weitern Maßregeln einzurichten. Die Freude der Siebenbürger, ihn zu sehen, war nicht so groß, als sich der gute Rakotzy vorgestellt haben mochte. Die Siebenbürger fühlten nur zu sehr, daß sie die Last des Krieges drückte, dessen Urheber er war, und daß sie durch das Betragen vieler ihrer Landsleute in dem Herzen des Kaisers fers übel angeschrieben standen. — Er stellte einen Landtag an, auf welchem er als Fürst die Beschwerden seiner Unterthanen hören, und ihnen seine Vorschläge machen wollte welcher nicht ohne Unruhen und heftige Zwistigkeiten sich endigte. Marquis DesAlleurs machte ihm im Namen des französischen Hofes bey einer öffentlichen Audienz ein Compliment, versicherte ihn der Freundschaft seines Monarchen, und überreichte ihm ein eigenhändiges Schreiben vom König Ludwig, worinn ihm dieser zur Gelangung auf den siebenbürgischen Thron Glück wünschte. — Nach einiger Zeit verließ Rakotzy Siebenbürgen wieder, und reißte nach Ladnod, einem an der Marosch gelegenen Schlosse, welches dem Hause Rakotzy gehörte. — Von da gieng er wieder zurück nach Clausenburg, und errichtete daselbst unter dem Titel einer Nobelgarde, ein Banderium von 100 Edelleuten, deren Chef er selbst vorstellte. Uebrigens geschah durch dieses ganze Jahr im Felde nichts merkwürdiges; denn alle die Streifereyen ins Mährische, Oesterreichische, welche unaufhörlich geschahen, sind zu unbeträchtlich, als daß man sie einzeln erzählen sollte. — Der Holländischen und Englischen Ver-

Frühlings glücklich. Alle diese Plätze wären leicht zu vertheidigen gewesen; allein Rakotzy hatte keine Aussicht, seine zu sehr zerstreute Infanterie zusammen zu bringen, die in zu viel kleinen Haufen agirte und sich dadurch sehr abmattete. Auch die Kavallerie war bereits in einem sehr kläglichen Zustande; sie hatten zu viel tollkühne Streiche gewagt, sich zu sehr geschwächt und außer Stand gesetzt, den tacktfesten Truppen der Generale Rabutin und Herbeville die Spitze zu bieten. Sie dachten gar nicht mehr darauf, Widerstand zu thun, sondern vielmehr in Sicherheit zu bringen, was ihnen lieb und schätzbar war. Rakotzy würde sich ganz zu Grunde gerichtet haben, wenn er bey so gestalter Lage der Sachen hätte das Freye behaupten wollen. Er hielt zu Patak mit seiner Generalität Berathschlagung, wovon das Resultat war, daß er sich nach Munkatsch retirirte und den Grafen Bertschenzi in der dortigen Gegend campiren ließ. Im Monat Julius gieng er nach Serentsch, woselbst er Briefe vom Czaar mit der Nachricht von der gänzlichen Niederlage der Schweden vor Pultawa erhielt. General Heister war in Niederungarn in voller Arbeit, schlug den Grafen

An-

Anton Esterhazy, und zwang ihn, mit sehr wenig Mannschaft sich über die Donau zurück zu ziehen. — Allmählig verbreitete sich auch die Pest, die bisher nur an der türkischen Gränze gewüthet hatte, in der Gegend von Csongrad, drang bis nach Serenz vor, weswegen Rakotzy alsobald den Ort verließ.

§. 22.

General Heister hatte nun Niederungarn ganz unter seine Bothmäßigkeit gebracht, gieng über die Donau zurück und marschirte im Monat November in zwey Abtheilungen; die eine wandte sich gegen das Thal Ipoly, welches das neograder Comitat begränzt, und kantonirte zu Verebely, an dem kleinen Flusse Nitria, um die Besatzung von Neuhäusel zu unterstützen; die andere gieng auf Vadkerte und Seczin zu, weil bey Rosenau ein Posten stand, der sie mit den Truppen, die im sepuser Comitat vordrangen, in Verbindung setzte. An allen diesen Orten hatten sie Kavallerie und Infanterie liegen. Sie fiengen an zu verpallisadiren, welches die Truppen des Rakotzy glauben machte, daß ihnen gar nicht beyzukommen wäre. Leutschau, eine Stadt mit Thürmen

L 4 nach

nach Art der alten Festungswerke umgeben, war die einzige Festung, die die Mißvergnügten in dieser Gegend hatten. Auch lag eine tüchtige Besatzung darinn; und es war nicht möglich, dem Orte mit schweren und großen Kanonen beyzukommen. Der Generalmajor Stephan Andraschi hatte mit dem Obristen Urban Celder, der aus dieser Gegend gebürtig und ein sehr geschickter Officier war, die Vertheidigung der Festung freywillig übernommen. General Löffelholz, der in dem zipser Comitate kämpirte, fand Gelegenheit, einen Pulvermagazinsverpfleger von Leutschau auf seine Seite zu bringen. Der legte in einen Pulverthurm eine Lunte, der in die Luft sprang, als gerade die Kaiserlichen einen Sturm auf die Festung wagten. Allein sie wurden mit vieler Tapferkeit abgeschlagen. — General Löffelholz raffinirte noch auf eine andere List. Seine Frau, eine gebohrne Ungarin, welche vorher mit dem Kanzler des Grafen Tököly Absolon verheirathet war, war mit der Gemahlin des Generals Andraschi bekannt, und brachte es bey derselben so weit, daß sie den General Andraschi zu geheimen Unterhandlungen beredete. Doch wollte Andraschi, aus Furcht vor dem Obristen

Cel-

Selber, dies nicht öffentlich thun, welcher ganz die dortige Bürgerschaft auf seiner Seite hatte. — Er übergab die Festung mit dem Akkord, daß alle die frey abziehen durften, welche nicht kaiserliche Dienste nehmen wollten, und daß der Kaiser die Privilegien der Stadt in ihrem Zustande lassen sollte. — Die Garnison und die Bürgerschaft sah sich so auf einmal in den Händen der Kaiserlichen, ohne daß sie recht sagen konnten, wie es eigentlich zugegangen war. Man ergab sich unter vorerwähnten Bedingungen und streckte das Gewehr. Rakotzy war nun auf der einen Seite von der Pest, auf der andern von den Kaiserlichen eingesperrt; seine Mannschaft war ziemlich herabgeschmolzen, welche er um sich hatte, und reichte kaum zu, den Feind auszukundschaften, ob gleich die Kaislichen seine Schwäche damals so genau nicht kannten.

§. 23.

Indessen hatte der Czaar seinem Bevollmächtigten in Wien Befehl gegeben, sich am Kaiserhofe für die Friedensunterhandlungen mit Ungarn zu verwenden; allein nun hatte der Wiener Hof keine Lust mehr, die freundschaftliche Hand zu Friedensbedingungen zu bieten, die so oft von Seiten der Mißvergnügten trotzig waren ausgeschlagen worden; da es ohne dies jetzt um Rakotzys Sache sehr mißlich stand. Doch trug der rußische Bothschafter dem Fürsten Rakotzy zu Nagymihal die Gesinnungen des Kaiserhofes vor. — Allein Rakotzy verwarf sie abermals, weil er von einigen Pohlen, welche Partisanen des Königs von Schweden waren, Hofnung hatte, einige Haufen Wallachen und Tartarn, so wie auch einige Compagnien Dragoner zu seinem Dienste zu erhalten; — weil nach der unglücklichen Schlacht bey Pultawa bey der schwedischen Armee alles drunter und drüber gieng. Doch wollte Rakotzy den hiezu nöthigen Geldvorschuß nicht auf Gerathewohl hergeben, und schickte deswegen Commissärs nach Pohlen, um zu sehen, ob die Mannschaft schon wirklich auf den Beinen und brauchbar wäre; allein es war in keinem Winkel dieses Reichs nichts zu sehen und nichts zu hören. Das Ungefähr führte ihm gegen Ende des Herbstes unter Anführung des Palatins von Kyow Potoski einen Trupp von 2000 Mann zu. — Dieser Herr, den König Stanislaus zum Generalfeldmarschall seiner Truppen ernannt hatte,

mußte

mußte sich, nachdem ihn die Russen aufs Haupt geschlagen hatten, nach Ungarn flüchten; welches ihm der Fürst Rakotzy erlaubte, weil Potosky sich im Anfange des Krieges gegen den Rakotzy sehr freundschaftlich betragen und ihn mit Truppen unterstützt hatte. Doch war dies nur von seiner Person zu verstehen; seine Leute konnte der Fürst, weil sie gegen den Czaar, seinen Bundesverwandten gestritten, und von Stanislaus und Karls des zwölften Parthey waren, nicht beherbergen. Doch machten sich diese Leute gar kein Bedenken, sogleich in seine Dienste zu treten, weil sie sonst die rußische Kriegsgefangenschaft, die sehr hart war, zu befahren gehabt hätten. Dieser Entschluß war es auch eigentlich, was Rakotzy gewünscht hatte. Sie giengen nach Munkatsch, wo Rakotzy sie empfieng, und schwuren ihm den Eid der Treue. Rakotzy meldete sogleich dem rußischen Brigadier, der sie verfolgte, daß sie nun seine Bundesverwandten, und also auch Freunde des Czaars wären, daß es also Bundesbruch seyn würde, wenn er sie weiter verfolgte; worauf sich diese auch zurückzog. Unter dieser Mannschaft war auch der Rest eines Dragonerregiments, das der Baron Bonak mit Bewilligung des Königs in Schwe-

Schweden vor einiger Zeit in Pohlen durch den schwedischen Obristen Vielk für den Fürsten Rakoßy hatte anwerben lassen. Nun war es aber bis auf 200 Mann herabgeschmolzen. Auch ein Theil des schwedischen Regimentes Zilik, das meistens aus bey Hochstädt gefangengenommenen Franzosen bestand, und ebenfalls nur noch 150 Mann stark war, befand sich unter diesem Haufen; so wie noch einige Garden des Königs Stanislaus, und vier Regimenterreste von Dragonern, die sich von jedem auf 40 bis 50 Mann beliefen. Der Rest war ein Gemisch von Pohlen und Tartarn aus Lithauen, die man Lipka nannte. Rakoßy ließ sie etwas ausrüsten, raffte dazu noch 2000 Fußgänger zusammen, bestimmte dem Grafen Karoly den Sammelplaß, wo er zu diesen Leuten stoßen sollte, und gieng um Weyhnachten nach Hommona, um dort sich mit einigen Häuptern der Mißvergnügten zu bereden.

§. 24.

Die fremden Truppen ließ Rakoßy eine ganz andere Marschroute nehmen. — Als sie sich dem Sammelplaße näherten, bargen sie sich unter der Gebürgskette von Matra, um dem

dem Feinde, der in der Nähe kampirte, nicht bemerkbar zu werden. Rakotzys Absicht war, den Posten bey Vadekert anzugreifen, wo General Zifin commandirte, und im Falle die Sache glücklich ablaufen würde, sich über Seczin und Rosenau auszubreiten. Auf den Dörfern war wegen der Pest, die dort herum grassirte, nicht rathsam, sich aufzuhalten. Er sah sich also sammt seiner Mannschaft, ungeachtet der grimmigen Kälte genöthigt, auf der gefrornen mit Schnee hoch bedeckten Erde sich zu lagern, und alle Beschwerden der Kälte und des Windes auszustehen.

§. 25.

Nach einem sehr beschwerlichen Marsche bey der grimmigsten Kälte kam er endlich am Ende des Jenners 1709 zu Romana an, welches ein Dorf ist, das an einem Passe über die Gebürge von Matra liegt, wo dieselben nicht gar hoch sind und mit wenig Schwierigkeit überstiegen werden können. Der Bach Lokus hat ein sehr unwegsames Ufer, und einen sumpfichten Grund mit vielen Untiefen; er entspringt in den Gebirgen aus einer kleinen Quelle, und endigt sich in einen breiten

und

und tiefen Morast. Rakotzy war gerade beschäfftigt, seine Mannschaft diesen Bach paßiren zu lassen, um sodann ein Lager zu schlagen, als eine streifende Parthey, die er ausgeschickt hatte, um die Beschaffenheit der feindlichen Posten bey Vadkerte, eine Stunde hievon, zu erfahren, ihm die Nachricht brachte, daß die feindliche Kavallerie im Begriff wäre, auf der Hauptstraße gegen Neuhäusel zu zumarschieren. Rakotzy vermuthete, daß die kaiserliche Armee möchte von seinem Plane Nachricht erhalten haben. Denn er hatte den Grafen Anton Esterhazy mit Mannschaft nach Neuhäusel abgeschickt, um die Unordnungen beyzulegen, welche dorten unter der Garnison zu entstehen begannen. Von den matraer Gebirgen aus schickte er ihm die Ordre, daß er zu seiner Kavallerie zurückkehren sollte, die in den benachbarten Dorfschaften kanntonirten; aber dieser Brief wurde aufgefangen. —

§. 26.

Gleich darauf marschirte ein Theil der kaiserlichen Kavallerie an 1500 Mann stark auf den Rakotzy los. Dieser hatte durch den Bach den Rücken bedeckt und durch den Morast seinen

nen rechten Flügel, wo er seine Infaterie postirt hatte. Die Kaiserlichen stellten sich ebenfalls den Morast im Rücken in Schlachtordnung; der Fürst Rakotzy glaubte, daß sie seine Infanterie, welche die Linie deckte, in der Flanke angreifen würden. Er machte daher eine kleine Wendung, um den Feind zu umringen. Bey dieser Wendung fielen die Kaiserlichen über seine Infanterie her und sprengten den größten Theil derselben in den Sumpf. Der Obriste Bogoczi, der sie anführte, und schon in italiänischen und französischen Diensten gestanden war, ließ die Infanterie zu weit voraus rücken. Die Schweden und die Kavallerie des Rakotzy trieben aber doch glücklich die kaiserlichen Schwadronen zurück, und die Pohlen griffen sie von der linken Seite an, und nahmen ihnen einige Wagen und die Equipage des Generals Zikin weg. Dieser General war falsch durch seine Spione berichtet worden, und glaubte gegen ein unbedeutendes Detaschement des Grafen Karoly zu marschiren, das nach diesem falschen Berichte zwey Meilen von seinem Posten in Cantonirung liegen sollte. Deßwegen wurde dieser General auch von dem Hoffkriegsrath zur Verantwortung gezogen, weil er ohne Befehl die Verthei-

auch in Rücksicht seiner ökonomischen Kenntnisse dem Fürsten Rakotzy sehr schätzbar; seine Kaße war stets in guten Umständen, weil er jede günstige Gelegenheit benutzte, da es dagegen bey den andern Generalen immer fehlte. —

§. 28.

Die Verproviantirung von Neuhäusel wurde dem General Esterhazy übertragen, allein dieser gab seinen Rathgebern zu viel Gehör, so daß die Sache nicht so vortheilhaft ausschlug, als es sonst hätte seyn können. Diese beredeten den Grafen, ein Magazin der Kaiserlichen aufzuheben, welches fünf Meilen von der Festung entlegen war. Er führte einige Infanterie von der Garnison an, um dies Haus zu überwältigen und auszuleeren, war aber bey seinem Projekte zu wenig auf den Rückzug bedacht. — Der Angriff und die Ausleerung des Magazins gieng glücklich von statten, allein es waren zu wenig Wagen in Bereitschaft, um allen den Proviant aufladen zu können. Die Deutschen, welche bey der Insel Schütt, unweit Tyrnau und Verebely postirt waren, bekamen Wind davon, und versammelten sich bey Nitra. Und so sahe sich der Graf Esterhazy

von

von seinen übrigen Truppen und der Festung Neuhäusel abgeschnitten, war auch nicht im Stande, dorthin zu gelangen, ohne vorher ein Treffen zu liefern. Bey Seuleuch stieß er auf die Kaiserlichen, stellte sich in Schlachtordnung und gedachte mit seiner Infanterie zu agiren. Allein sein Ingenieur Rieter widersetzte sich zu seinem Glücke diesem Vorhaben, preßirte den Marsch der Infanterie und der Wagen, und kam mit denselben glücklich durch, während daß beyde Kavallerien mit einander in Handgemenge begriffen waren. Die Pohlen hielten sich bey dieser Gelegenheit sehr schlecht, welches den guten Ruf mächtig verdunkelte, den sie sich bey Romania erfochten hatten. Esterhazys Kavallerie erlitt beträchtlichen Schaden. — Rakotzy rief sie von Neuhäusel zurück, und mußte nichts als Klagen über den General Esterhazy hören, daß er die Mannschaft durch seine unaufhörlichen Streifereyen ermüdete, daß er alle Lebensmittel aus der ganzen Gegend in die Festung gezogen hätte, und also die um dieselbe kantonirende Kavallerie Noth und Kummer leiden müßte. Graf Karoly kannte die ganze Gegend genau, und machte Anstalten, daß diesem Uebel, wenigstens auf einige Zeit,

M 2   abge-

abgeholfen werden konnte; er ließ unweit der Kirche zu Jasbrin eine große Menge Getraide zusammenhäufen. —

§. 29.

Während diesen Vorfällen verstrichen die Monate Februar und März, in welchen die Mißvergnügten von der rauhen Witterung viel zu erdulden hatten, weil sie Mangel an Brenn= Holz litten, und auch wenig Dach und Fach hatten, daher sie sich in dieser Noth der durch die Pest entvölkerten Häuser zum Unterstande bedienen mußten. Am Ende des Märzes gieng Karoly in forcirten Märschen mit seinen Trup= pen gegen Pest zu, woselbst er drey Tage Rast hielt, um von da in zwey forcirten Märschen nach Neuhäusel zu kommen. Ungeachtet der unzugänglichen Ufer des Grans und der Neitra, setzte Karoly doch mit Nachen glücklich hinüber, und kam nach Neuhäusel. Esterhazy kam eben= falls zurück, und Karoly blieb bis zu Ende des Aprils da, um die Garnison daselbst wieder in Ordnung zu bringen, weil die Pohlen, die da= selbst lagen, sehr unruhig waren, auf ihre Ver= dienste pochten, und an den Fürsten Rakotzy

über

übermäßige Forderungen machten. Auch wären sie mit ihrem Winterquartiere nicht zufrieden, deswegen verlegte sie Rakotzy nach Ketschkenket, Körös und Czegleb, damit sie auf diesen Plätzen gegen die Raitzen gut auf der Hut seyn möchten. — Allein demungeachtet thaten 500 Mann von Szegedin einen Ausfall, warfen die Pohlen zu Boden, und jagten sie in Unordnung gegen Rakotzys Lager zu, wo sie sich darüber beschwerten, daß ihnen dieser Ueberfall nicht berichtet worden wäre. Allein ihr eigener Obrist Gruzinsky beklagte sich über ihre schlechte Aufführung. — Dies machte sie auf Anstiften eines gewissen Soltik ganz aufrührisch gegen ihn, so daß Rakotzi sich genöthigt sahe, ihn vor ihrer Wuth sicher zu stellen. Er ernannte ihn zum General unter seinen Truppen, weil er ein geschickter und tapferer Soldat war. — Rakotzy schrieb an den Palatin von Kyow, der gerade zu Kaschau war, daß er mit diesen Leuten gar nicht fertig werden könnte, und ersuchte ihn um seine Beyhülfe, um diese widerspenstigen Köpfe zu Paaren zu treiben. Er kam mit dem Rakotzy bey Agria zusammen, und brachte einige regulirte Mannschaft mit, welche ebenfalls in Rakotzys La-

Lager einquartiert wurde. Eines Tages, als Rakoßy eben auf die Jagd reiten wollte, meldete ihm ein Tambour von einem Dragonerregimente, daß zwey Dragonercompagnien des Palatins zu Nachts im Lager aufgebrochen wären, die Hauptwachen, unter dem Vorwande einer unvermutheten Expedition, paßirt hätten, und daß die Leibgarde des Königs Stanislaus, und das schwedische Regiment die ganze Nacht im Sattel geblieben wären, um sich zum Palatin zu verfügen, und durch die Moldau nach Bender zum König von Schweden zu stoßen. Dem Rakoßy schien dies alles unglaublich zu seyn, allein die Entweichung der zwey Compagnien bestätigte sich wirklich. — Deswegen schickte er eiligst einen Kourier in das Quartier des Palatins, um zu hören, was an der Sache wäre. Dieser meldete ihm auf der Stelle durch eine Staffette, daß der Palatin schon aufgebrochen, und zwey Märsche gemacht hätte, und daß er weiter keine Auskunft geben könnte, als daß derselbe in größter Eile mit seinen Truppen nach der Marmarosch marschirte. — Dieses war der übeln Folgen wegen für den Fürsten Rakoßy ein rechter Donnerschlag; weil er, auf die Versicherung des

Pala-

Palatins von Kyow, daß seine Mannschaft nichts gegen das Interesse des Czaars unternehmen würde, diesem Kaiser gleiches Versprechen gemacht hatte. Deswegen schickte er auf der Stelle Kouriere an die Gränzen der Moldau, mit dem Befehle, daß man den Palatin mit seinen Truppen nicht paßiren lassen sollte. — Allein die Pohlen hatten schon drey Tagemärsche voraus, und eilten so sehr, daß dieser Befehl an die Gränze zu spät kam. — Dieses Stückchen des Palatins machte den Rakoßy gegen alle seine regulirte Mannschaft auf einmal mißtrauisch. Er ließ denselben durch den General Esterhazy zu wissen machen: sie sollten bedenken, daß er sie aus der rußischen Gefangenschaft befreyt hätte; daß sie ihm Treue geschworen, daß der Palatin selbst die Treue gebrochen; und daß er, um den Czaar zu zeigen, daß dieses ohne sein Wissen und Willen geschehen wäre, sie nun neuerdings alle auffordere, ihre Willensmeynung an den Tag zu legen; daß er sie zu seinem Dienste nicht zwingen wollte, sondern alle die, welche ihm nicht dienen möchten, mit Paßporten an die schlesische Gränze bringen lassen würde. — Nach dieser Erklärung verließ die Leibgarde des Königs Stanis-

M 4   laus

laus, und eine Menge anderer Offiziere und Gemeine Rakotzys Dienst.

§. 30.

Während der Zeit, daß Rakotzy dieses gefährliche Winterquartier überstand, war General Bertschenzi mit seiner Frau, aus Furcht vor der Pest, in das semliner Comitat gegangen. Er machte, aus Furcht vor der Pest und vor dem Feinde, diese Reise sehr vorsichtig. Von dorten aus machte er dem Fürsten Rakotzy den Vorschlag, weil er seine auswärtige Correspondenz zu besorgen hatte, den Ingenieur Brigadier Le Maire mit einem geheimen Auftrage an den König von Frankreich abzuschicken, um denselben zu einem Bündnisse mit dem Czaar zu vermögen, welches dieser nach der Schlacht bey Pultawa sehnlich gewünscht hatte. Rakotzy glaubte, daß Le Maire unaufgehalten diese Reise würde machen können; allein General Janus, der vormals in rußischen Diensten stand, und nun bey der römischkaiserlichen Armee war, hielt ihn an, durchsuchte seine Papiere, gab sie ihm wieder zurück und ließ ihn ungehindert reisen — benachrichtigte aber den Kaiserhof von dem Gegenstande dieser schriftlichen Unterhand-

Handlungen. Diese Briefe sollten ein Bündniß zwischen Frankreich, der Pforte, und dem Fürsten Rakotzy knüpfen, um dem unglücklichen König von Schweden, Karl dem zwölften gegen den Czaar beyzustehen.

§. 31.

Kurze Zeit nach der Abreise des Le Maire wurde der Marquis Desalleurs, der zu Munkatsch zurückgeblieben war, weil er sich nicht stark genug fühlte in diesem Lande bey der rauhen Witterung die Beschwerlichkeiten der Reise ertragen zu können, von seinem Hofe zurückgerufen und zugleich befehlicht, als Gesandter an die Pforte zu gehen; weil er aber zu weit entfernet war, so übergab Fürst Rakotzy dieses Schreiben dem General Bertschenzi, und ließ zugleich durch Kourire allen Befehlshabern in der Marmarosch, und auf der ganzen Reiseroute bekannt machen, daß sie darauf bedacht seyn sollten, diesen Minister mit allem Möglichen Vorschub und nöthiger Sicherheit nach der Moldau zu begleiten. —

§. 32.

Fürst Rakotzy gab sich alle mögliche Mühe in Niederungarn die Unterthanen neuerdings in sein Interesse zu ziehen, wozu ihm General Esterhazy und der Brigadier Bolog, welcher letztere insgeheim ihm Proselyten zu machen suchte, sehr viele Hofnung gaben. — Allein es fehlte ihm theils an Schiffen, theils an einem guten Posten an der Donau; auch hatte er außer seinen zwey Leibkompagnien gar keine Infanterie mehr. Die Pest hatte die Garnison zu Kaschau übel mitgenommen; Radisk, einer seiner besten Generale, der diesen Platz gegen den General Rabutin vertheidigte, war auch tod, und er sah sich also genöthigt, diese Stadt sowohl, als Epperies neuerdings mit Besatzung zu verstärken. Karoly rieth ihm nahe bey Jaßbereny an dem Ufer der Theiß einen vortheilhaften Posten zu fassen und über diesem Fluß zum Rückzuge eine Brücke bereit zu halten; im Falle der Feind etwa die Schwäche seiner Truppen erfahren, und vereint mit der Kavallerie von Czeczin, Vadkert und Rosenau ihm zu Leibe rücken würde, weil beyde erstere Posten nur zwey kleine Tagemärsche von seinem Standpunkte entfernt waren. —

§. 33.

§. 33.

Einige Zeit darauf reiste Rakoßy mit dem Grafen Karoly in Begleitung zweyer Kompagnien Kavallerie nach Munkatsch ab. Er ließ mit allem Eifer die Befestigung der untern Stadt betreiben, weil er wohl sahe, daß er sich mit so wenig Mannschaft im Freyen nicht lange mehr halten würde. Er trat mit seinen Vertrauten und dem siebenbürgischen Adel zu Huſt an der Marosch zusammen, wo er alle seine Ueberredungskraft anwandte, um sie für seine Sache neu zu befeuern, allein es machte wenig Wirkung mehr. Im Anfange des Junius paßirte er die Theiß, um bey Apaty zum Karoly zu stoßen. Seine Truppen standen an der Gränze von Siebenbürgen. Um dem Feinde die Absicht seines Marsches zu verheelen, marschirte er über die Ebenen zwischen der Marosch und der Theiß, um über die dorten geschlagene Brücke sein Lager zu erreichen. General Esterhazy stand unter der Zeit bey Agria, und verlangte nochmalen vom Rakoßy die Erlaubniß, mit seinen Truppen über die Donau gehen zu dürfen; allein Rakoßy schlug es ihm jedesmal ab, weil er auf seine Kriegser-
fah-

fahrenheit kein gar großes Vertrauen setzte.
Dem Karoly gelang es einige kleine Schiffe zusammen zu treiben, die er auf Wagen laden, und seiner Mannschaft nachfolgen ließ. — Mitten im Sommer bey der größten Hitze marschirte Karoly und Esterhazy in fünf starken Tagemärschen durch diese unwegsamen sandigten Ebenen, und kamen matt und kraftlos bey Dzent-Martin Kata an dem Ufer der Donau an. — Sie brauchten zwey Tage lang, um den Generalmajor Baron Palosey, den Brigadier Bolog, und den Obristen Borbeil mit einiger Mannschaft übersetzen zu lassen, und schon fiengen von Ofen die bewaffneten Saiken an zu kreuzen und die Ueberfahrt unsicher zu machen, so daß Rakotzy es nicht mehr rathsam fand, seine Schiffchen mit der Mannschaft zu wagen. Auch des Generalmajors Palosey Unternehmen war sehr unglücklich. Der gemeine Haufe hatte keinen Glauben mehr an den Rakotzy, weil seine Mannschaft so sehr herabgeschmolzen war; kein Mensch griff mehr zu den Waffen. Drey Monate darauf wurde Palosey krank und konnte nicht länger mehr im Felde ausdauern; er verkleidete sich in einen Bauernkittel, und ließ sich durch einige vertraute Landleute über
die

die Donau bringen. Der Brigadier Bolog wurde aber auf einer Expedition gefangen genommen, und weil der kaiserlichen Armee satsam bekannt war, daß er sich als Emissar, um Gährung zu unterhalten, gebrauchen ließ, so wurde ihm einige Zeit darauf der Proceß gemacht und er enthauptet. —

§. 34.

Rakoßy machte ein Projekt über das andere, um den Krieg, wo möglich, zu verlängern, und blieb mit der Kavallerie des Karoly fest auf seinem Platze stehen. Er befestigte Szolnock noch mehr, um die Brücke und den sichern Paß über die Theiß zu seinem Gebrauche zu haben. Durch diese Festung und Agria war er von dieser Seite gegen die Kaiserlichen so ziemlich gedeckt. Mit Sehnsucht erwartete er die Antwort des Königs von Frankreich, an welchen er den Ingenieur Le Maire schon im Monat Februar abgeschickt hatte. Seine Mannschaft war zu schwach, als daß er ohne außerordentlichen Schaden damit etwas hätte unternehmen können. Graf Karoly stand bey Vaczia, um mit Neuhäusel die Verbindung zu unterhalten, weil die Kaiserlichen Miene machten, diese

Festung zu belagern; im Anfange des Monats September schlug er vor derselben sein Lager auf. Rakotzy zog sich mit seinen wenigen Truppen an den Fluß Chajo zurück, und ließ sie bey Onod lagern, da wo ein Arm des Hernads in den Chajo fällt, und hatte im Sinne mit seinen Grenadieren eine Diversion nach den Gebürgen gegen den General Viar zu wagen. Rakotzy hielt sich zu Serenz, zwey Meilen von seinem Lager auf. Graf Esterhazy zeigte sich sehr beleidigt, daß der Fürst dem Generalmajor Palotsey, den Marsch über die Donau aufgetragen und durch dies Benehmen Mißtrauen gegen ihn geäußert hatte. Um ihn wieder zu beruhigen, vertraute ihm Rakotzy die Expedition gegen den General Viar. Viar hatte keine Infanterie, und stand eine Meile von Rosenau zu Vest-Veresch, einem Dorfe, das ganz offen an dem Fuße von walddichten Gebürgen liegt, welche die ganze Gegend durchkreuzten. Das sclavonische Schloß Krasnahorka, welches auf deutsch so viel als Schönberg heißt, liegt zwischen der Stadt und diesem Dorfe, und gehörte dem Herrn Georg Andraschi. Esterhazy war mit dieser Expedition sehr wohl zufrieden, statt daß er aber heimlich gehen und die Kavallerie des Viars unter dem Schleyer der Wälder und Gebirge hätte überrumpeln können, so marschirte er mit großem Aufsehen, schickte Kavallerie zur Kundschaft voraus. General Viar bemerkte dies, und zog sich mit seiner Mannschaft bis an den Fuß des Schlosses Krasnahorka zurück. Esterhazy kehrte also unverrichteter Sache wieder zurück, weil der kaiserliche General seine Absicht gemerkt und sich vor ihm sicher gestellt hatte. —

§. 35.

Unter dieser Zeit zog sich General Heister vor Neuhäusel. Die Garnison war auf ihren Commandanten gar nicht gut zu sprechen, weil sie vermutheten, daß er ohne ihr Mitwissen mit dem kaiserlichen General in Unterhandlungen getreten wäre. — Drey Officier giengen nach Serenz zum Fürsten Rakotzy und lieferten ihn aus. Karoly wählte aus seinen Officieren den Brigadier Nagysecky, der die Festung vertheidigen sollte; allein dieser kapitulirte ebenfalls mit dem Feinde und übergab die Festung den 24. September. Die Kaiserlichen hatten zwar schon die Laufgraben eröffnet; allein die Besa-

tzung

ßung hätte sich doch noch einige Zeit halten können. —

§ 36.

Während daß Rakotzy noch zu Serenz war, erhielt er durch seinen Gesandten am französischen Hofe, der Keukenesby Vetech hieß, von diesem Könige ein Schreiben, daß derselbe mit seinem Projekte, in Rücksicht des Czaars von Rußland einverstanden wäre. Rakotzy schickte auf der Stelle den Keukenesby an den Czaar ab. Das Projekt mit dem Könige von Frankreich war Rakotzys letzte Stütze. — Während daß Rakotzy noch bey Waitzen stand, um die Verbindung mit Neuhäusel zu unterhalten, that die kaiserliche Kavallerie, die in Siebenbürgen stand und genau von der übeln Lage der feindlichen Armee unterrichtet war, einen Ausfall bis nach Sezathmar und Großwardein, deswegen schickte Rakotzy auf der Stelle den Grafen Karoly dorthin, um den Unternehmungen der Kaiserlichen Einhalt zu thun. — Rakotzy sah sich dadurch ganz von Truppen entblößt und retirirte sich nach Patak, weil zu vermuthen war, daß, nach der Einnahme von Neuhäusel, der Feind gerade auf ihn losgehen würde.

wurde. Szolnock und Agria, zwey Festungen, welche gut verproviantirt und geschützt waren, hielten noch des Rakotzy Hofnung aufrecht — der Winter war vor der Thüre, und er konnte also hoffen, daß sie in diesem Feldzuge nicht mehr belagert werden würden.

§. 37.

Sobald die Einnahme von Neuhäusel und das Vorrücken der Kaiserlichen in der ganzen Gegend bekannt wurde, so dachte die meiste Mannschaft von Rakotzys Truppen auf nichts mehr, als auszureißen und ihre Familien in Sicherheit zu bringen. Der größte Theil zog sich in den Winkel, den die Theiß mit den Gebirgen von Besqueb macht, in der Gegend von Munkatsch. Rakotzy ertheilte von Serenz aus dem Grafen Bertschenzi Befehl, sich zu seiner Reise nach Pohlen anzuschicken. Rakotzy wählte den Vorwand, ihm Aufträge an den dortigen rußischen Bothschafter, Fürsten Dolgorucky mitzugeben; allein seine eigentliche Absicht war, den Grafen Bertschenzi von sich allmählig zu entfernen, weil er von der übeln Laune, in die seine Migräm ihn immer versetzte, und von der Heftigkeit seines Karakters nicht

viel

viel gutes zu erwarten hatte. Rakoßy reiste mit wenig Gefolge von Patak weg nach Unguar, dem Schloſſe des Bertſchenzi, um ſich mit ihm mündlich zu beſprechen. Dem General Eſterhazy ließ er zu Patak mit ſeiner Kavallerie zurück, und empfahl ihm hauptſächlich, vor Ueberfällen wohl auf der Hut zu ſeyn. Rakoßy ſtellte ſich ſchon im Geiſte vor, daß die Kaiſerlichen mit ſchnellen Schritten vorwärts gehen würden, weil ſich ihnen nichts mehr in Weg ſtellte. Auf dem Wege von Patak nach Unguar, welches ein Zwiſchenraum von anderthalb Tagereiſen beträgt, war Rakoßy ein Augenzeuge von den traurigen Folgen, die ſein unglücklicher Revolutionsgeiſt im Lande angerichtet hatte. Er traf bey grimmiger Kälte, bey Eis und Schnee im Monat November eine ganze Kette von Wagen, die mit Weibern, Kindern und Männern beladen waren, die ſich vor dem Anmarſche der Kaiſerlichen flüchteten, ihn mit thränenden Augen in elender Kleidung, die kaum ihre Blöße deckte, um Brod, um Rettung aus dem Elende baten, in welches ſie ſein unbändiger Geiſt geſtürzt hatte. Dies machte wirklich Eindruck auf Rakoßys Herz; allein Troſt war auch alles, was er in ſeiner Lage ihnen

ihnen gewähren konnte. — Er wußte sich selbst nicht mehr zu helfen. —

§. 38.

Rokatzy hielt sich zu Unghwar nicht lange auf, er gieng wieder nach Munkatsch zurück, und dachte zu gutem Glücke noch zu rechter Zeit daran, alle seine Habseligkeiten von Patack nach Munkatsch in Sicherheit zu bringen; denn wenige Tage darauf wurde General Esterhazy vom Generale Viar zu Patak wirklich überrumpelt. — Das Regiment Charriere, das aus regulirten Truppen bestand, die der Palatin von Kyow dem Fürsten zugebracht hatte, sammt den deutschen Ausreisern betrug gegen 800 Mann, und zog sich noch so ziemlich unbeschädigt zurück, indessen daß Esterhazy, so gut er konnte, sich unter dem Schlosse Bodrog über die Brücke flüchtete und dieselbe hinter sich abwerfen ließ. Die Kaiserlichen, welche in den Zipser Comitate waren, rückten mit schnellen Schritten vorwärts und postirten sich bey Zeben, welches eine kleine mit Mauern umgebene Stadt, eine Meile von Epperies entlegen, ist. — Rakotzy hatte sich einen ganz andern, aber vergeblichen Plan gemacht. Er dachte, die Theiß zu paßiren, dort die ganze Kavallerie in eins zusammen zu ziehen, nach Szolnock zu gehen und dorten den Kaiserlichen, die ihm wahrscheinlich folgen würden, den Unterhalt abzuschneiden, weil er für sich von der Festung aus sodann hinlänglichen Kriegs- und Mundvorrath hätte erhalten können. Allein der Schnee, der in dieser ganzen Gegend bereits über zwey Schuh hoch lag, hatte ihn an der Ausführung seines Projekts gehindert. — Seine Mannschaft wurde ihm Haufenweise ungetreu, besonders diejenigen, die Weiber hatten, und für Haus und Hof und Kinder in Sorgen standen. Den 16. November entließ er den Grafen Forgatsch, der bisher unthätig in Munkatsch gesessen hatte, so wie auch den Grafen Anton Esterhazy, welche beyde indessen nach Pohlen giengen; so daß also der einzige Karoly von allen seinen vorherigen angesehenen Getreuen ihm zur Seite war. Den 26. November gieng Graf Bertschenzi über die Gränze gegen Jeraslaw, um sich mit dem Fürsten Dolgorucky zu bereden. Dieser Minister war schon von dem Geschäfte desselben durch Vetech unterrichtet, und gab einige Hofnung, daß der Czaar einstimmen würde. General Bertschenzi sah sich

schon

schon im Geiste an der Spitze eines mächtigen
rußischen Heers, das er dem Fürsten Rakotzy
zuführen könnte, und belebte durch seine Briefe
den letztern zu den schmeichelhaftesten Hofnungen, die aber alle auf den Trugsand der menschlichen Projekte gebauet waren. —

§. 39.

Rakotzy hörte, daß Graf Palfy das Haupt-
kommando über die kaiserlichen Truppen erhalten hatte und über Ofen nach Onod gegangen war; und suchte diesen für ihn vielleicht
günstigen Umstand zu benutzen. Weil er wußte, daß Graf Karoly einst mit ihm in gutem
Vernehmen gestanden war, so schrieb er an diesen, er sollte ihn zu vermögen suchen, diesem
landesverderblichen Krieg mit guter Art, ein
Ende zu machen, er würde sich jetzt, da ohnedies der harte Winter im Felde nichts thun
ließen, zu einem Waffenstillstande bereit und
willig finden. — Rakotzy wünschte selbst ernstlich und sehnlich aus dem schlimmen Handel,
den er sich muthwillig zugezogen hatte, noch
mit heiler Haut zu kommen. — Karoly schrieb
diesen Brief, ließ ihn den Fürsten Rakotzy vorher noch durchlesen, und schickte ihn sodann heimlich

lich an den General Palfy ab. Unter dieser Zeit reiste Rakoßy nach Skolia zu dem Großgenerale von Pohlen, der ihn mit seiner Equipage nach Drohobiß bringen ließ, woselbst der Zusammenkunftsort mit dem Fürsten Dolgorucky schon vorher veranstaltet worden war. Rakoßy wollte das Sichere spielen und sich selbst überzeugen, wie weit er auf die Hofnungen bauen könnte, welche Graf Bertschenzi ihm in Rücksicht des Czaars gemacht hatte. Dieser Bothschafter des rußischen Hofes sagte dem Fürsten unverholen, daß sein Herr stets gut für ihn gedacht hätte, daß aber nach Ankunft des Marquis Desalleurs an der Pforte das Gerücht verbreitet worden wäre, als ob Desalleurs den Großherrn aufzuhetzen gesucht hätte, dem Czaar zu Gunsten Karls des zwölften, Königs von Schweden, den Krieg anzukündigen; daß die Pforte auch wirklich sich schon zu einem mächtigen Feldzuge fürs künftige Jahr rüstete und also der Czaar schwerlich gegen den deutschen Kaiserhof etwas unternehmen würde. — Er sagte ihm auch noch, daß der Czaar in wenigen Tagen in Pohlen eintreffen würde, wo sodann Rakoßy das weitere hören könnte. Mit dieser Aeußerung verließ er Dro-
ho-

Hobitz wieder und gieng nach Skolia zurück. — Dorten erhielt er vom Grafen Karoly die Antwort vom General Palfy, worinn er einen zwar sehr kurzen Waffenstillstand festsetzte, aber doch die Verlängerung desselben versprach, auch sich äusserte, daß er den Fürsten Rakotzy persönlich zu sprechen verlangte, weil in einer Stunde mündlicher Unterredung mehr, als durch Jahrelange Correspondenz ausgemacht werden könnte, wobey er noch versicherte, daß der Kaiser aus Liebe zur Nation sich zur Friedensunterhandlung mit Freuden entschließen würde. Rakotzy war damit sehr zufrieden, weil er nicht im Stande war, mit seiner Hand voll Mannschaft im Winter etwas unternehmen zu können. — Er reiste noch die nehmliche Nacht von Skolia ab, bey der grimmigsten Kälte und ungestümsten Witterung, weil er nicht haben wollte, daß Palfy von seiner Reise nach Pohlen etwas erfahren sollte. — Den zweyten Tag kam er zu Munkatsch an, und ließ sogleich durch den Grafen Karoly dem General Palfy schreiben, daß er zu Vaja, in dem Hause seines Großmarschalls, ihn zu sprechen wünschte, daß beyde dort mit gleich starker Begleitung zusammen kommen und ihre Begleitung in gleich weiter

Ent-

Entfernung von dem Zusammenkunftsorte einquartieren sollten. Rakotzy rastete zu Munkatsch von seiner Reise einige Tage aus, und machte sich den 5ten December wieder auf den Weg. Den Morgen darauf erhielt er die traurige Nachricht, daß die kaiserliche Kavallerie vor einigen Tagen Agria berennt, und daß durch die Vermittlung des Untergouverneurs und einiger Officiere auf Bitten der dortigen Geistlichkeit, der Commandant, Brigadier Baron Priny, sich habe verleiten lassen, mit Capitulation, die Festung sammt 100 Mann Besatzung zu übergeben.

§. 40.

Pabst Clemens der XI. stand mit dem Kaiserhofe damals schon in gutem Vernehmen, und ließ eine Ermahnungsbulle an die Geistlichkeit ergehen, den deutschen Kaiser ganz allein für den rechtmäßigen König von Ungarn zu erkennen, und bedrohte alle die Unterthanen mit dem Kirchenbanne, welche die Parthey der Mißvergnügten nicht verlassen würden. Eine gleiche Bulle hatte er nach Pohlen zu Gunsten des Königs August ergehen lassen, welche ebenfalls die Geistlichkeit nebst den vornehmsten Kriegs-
be-

bedienten auf die Seite des Königs brachte. — Nach der Einnahme von Agria rückte Graf Lusaty auf Scolnock mit zwey Regimentern Kavallerie los. Ungeachtet der Commandant die erste Aufforderung sehr stolz abschlug, so übergab er doch kurz darauf die Festung ebenfalls mit Kapitulation. Der Verlust dieser beyden Plätze machten alle Plane Rakozys zu Wasser. Vor seiner Abreise nach Skolia hielt er eine Generalmusterung seiner ganzen Kavallerie zu Kipvalda, und fand, daß sie sich auf 12000 Mann belief. Er sagte ihnen, daß er nach Vaja gehen würde, um mit dem General Palfy Friedensunterhandlungen zu pflegen, und daß er dies nicht seinetwegen, sondern bloß aus Liebe zur Nation thäte; befahl auch zu gleicher Zeit, daß die ganze Armee, nach seinem Geschäfte zu Vaja, ihn zu Apaty, dem Gute des Grafen Karoly, erwarten sollte. —

§. 41.

Fürst Rakozy kam Abends zu Vaja an. Er und General Palfy wohnten in einem Hause beysammen; beyde speisten auch nebst noch drey Staabsofficieren in einem Hause miteinander. Palfy versicherte ihn der Genade des

Kaisers, und rieth ihm einen bemüthigen Brief an den Monarchen zu schreiben, welcher gewiß für ihn und die Nation alles Gute bewirken würde, weil der Kaiser ein sehr gnädiger Herr wäre. — Er sicherte ihm alles Gute für seine Person und für sein Vermögen zu, sagte ihm aber auch zugleich, daß an seinen Fürstenrang in Siebenbürgen gar nicht zu denken wäre. Rakotzy versprach, daß er in drey Tagen das Schreiben an den Kaiser ihm überschicken würde, machte aber noch eine Menge Schwierigkeiten, und sagte, daß er in Rücksicht des Friedensschlusses es blos auf den Ausspruch der Nation ankommen lassen, daß er deswegen die Landstände berufen und ihre unverfälschte Meynung wörtlich berichten würde. Sie unterhielten sich in freundschaftlichen Gesprächen bis spät in die Nacht hinein und brachen Morgens zu gleicher Zeit auf. Rakotzys Leute warteten seiner schon bey Apaty. — Er berichtete seiner Armee, was vorgegangen war, gieng sodann nach Munkatsch zurück und fertigte einen Obristen mit dem Schreiben an den Kaiser zum General Karoly ab. Die Klagen der flüchtigen Mißvergnügten über ihr Elend brachten ihn beynahe aufs Aeußerste.

§. 42.

§. 42.

Am Ende des Jänners, im Jahre 1710, berief Rakotzy alle seine Getreuen zusammen, um sich mit ihnen zu berathschlagen, wie man sich bey gegenwärtiger Lage der Sachen am besten zu benehmen hätte. Der Ort der Versammlung war zu Schalanka, drey Meilen von Munkatsch. — Er sagte ihnen, er hätte bloß deswegen sich entschlossen, mit dem kaiserlichen Generale Palfy in Zusammenkunft zu treten, damit sie ihm nicht dereinst vorwerfen könnten, daß er durch seine Halsstarrigkeit sie ins Unglück gebracht habe. Er berichtete ihnen auch, daß er an Seine Majestät den Kaiser geschrieben, weil er dies als das Haupt ihrer Conföderation füglich hätte thun können, ohne deswegen einer Eigenmacht beschuldigt zu werden, und daß sie jetzt miteinander sich verabreden müßten, wie viel sie von den auf dem Landtage zu Neuhäusel bestimmten Forderungen nachlassen könnten, ohne den Eid zu verletzen, den sie damals unter sich geschworen hätten. Alle die dort versammelten Mißvergnügten schienen noch immer der Meynung zu seyn, daß sie von den auf dem Landtage zu Tyrnau berührten Punkten nichts nachlassen könnten,

ohne

ohne den Rechten der Nation etwas zu vergeben; daß man also die gesammten Landstände und alle bedeutenden Männer der Nation dieser Sache wegen zusammenberufen und vernehmen sollte.

§. 43.

Rakotzys zweyter Vorschlag war, daß sie noch mit der Sache verweilen sollten, weil vielleicht der Czaar von Rußland sich für ihre Sache erklären und sie nachdrücklich unterstützen würde. Er sagte ihnen, daß dieser Monarch täglich in Pohlen erwartet würde, und daß sie ihm nun ihre Gedanken eröffnen sollten; ob sie für vortheilhafter hielten, daß er sich nach Endigung des Waffenstillstandes in seine Feste einschlösse, oder nach Pohlen gienge, um sich mit dem Czaar zu besprechen. Sie waren alle der Meynung, daß das Letztere nothwendiger wäre. Darauf versammelte Rakotzy seine Vertrauten aus Siebenbürgen, und sagte ihnen, daß der Kaiser, der Erklärung des Generals Palfy zu folge, gesonnen wäre, den Siebenbürgern alle ihre Forderungen zu bewilligen, außer die Wahl des Rakotzy zum unumschränkten Herrn dieser Provinz. Er stellte ihnen vor, wie

wie viel er für sie gethan, daß er Leib und Leben, Gut und Blut für sie gewagt hätte, und stellte es ihnen sodann frey, ihn seines Eides, den er ihnen als Fürst geschworen hätte, zu entlassen. Seine Rednerkunst that auch die Wirkung, die er von ihr gehofft hatte. — Sie sagten, daß sie überzeugt wären, wie viel er ihnen aufgeopfert hätte, und wären überhaupt für sich allein nicht im Stande, in dieser Sache etwas zu entscheiden, weil die Landstände ihn gewählt und allgemein ihm als ihrem Fürsten gehuldigt hätten: sie wären ihm noch immer getreu und würden ihn stets in seiner Würde anerkennen, wenn er sie nicht an den nothwendigen Bedürfnissen des Lebens würde Mangel leiden lassen. Was seine Reise nach Pohlen betraf, so gaben sie ihm die nehmliche Antwort, welche ihm seine Vertrauten aus Ungarn gegeben hatten.

§. 44.

Sobald die Mißvergnügten aus Ungarn und Siebenbürgen von Rakotzys Parthey wieder auseinander gegangen waren, so reiste Rakotzy noch vor Endigung des Waffenstillstandes den zweyten Februar 1710 nach Pohlen ab.

ab. Von den Gränzen noch schrieb er an den Grafen Karoly, der gerade abwesend war. — Er gab ihm das Commando über seine Truppen ganz ohne 'aber jedoch den Commandanten von Munkatsch seinen Befehlen unterzuordnen. Dieser Commandant war sein Großmarschall, der ehemals mit ihm in Gefangenschaft war, und bey seiner Loslassung sich anheischig machen mußte, sich nie wieder in irgend einer von Rakotzys Staats- oder Kriegsangelegenheiten brauchen zu lassen. — Deswegen war er auch an Rakotzy beständig, ihm diese für ihn so gefährliche Würde abzunehmen, welches dieser auch that und sie dem Baron Jenney, Kanzler des Raths, anvertraute. Die untere Stadt commandirte der Obriste Szent Jwany. Die Festung war mit Garnison, schwerem Geschütze, Kriegs- und Mundvorrath hinlänglich versehen. — An Geld fehlte es dem Fürsten auch noch nicht, weil der Fürst seine Truppen mit seiner eigenen Münze bezahlte, die er zu Munkatsch in seinem Münzhause schlagen ließ. — Während der ersten Reise des Fürsten Rakotzy nach Skolick wollte Karoly seine Frau schon mit allen seinen Kostbarkeiten nach Pohlen schicken; allein Rakotzy rieth ihm, sie

sie bis zu seiner Rückkunft in Munkatsch zu lassen. — Ueberhaupt traute Rakotzy damals schon dem Karoly, der wirklich in seinem Dienste sehr eifrig war, nicht mehr recht; ob er gleich sich nichts gegen ihn merken ließ. —

§. 45.

Um diese Zeit war die Stadt Epperies schon in kaiserlichen Händen;. aber Kaschau hielt sich immer noch, und der Commandant Daniel Esterhazy machte den Kaiserlichen viel zu schaffen. Die Kaiserlichen hatten ihre Linien am Fuße des Gebirges Dorgo formirt und lange Zeit gar keine Miene gemacht, der Stadt zu Leibe zu gehen. Rakotzy wollte nicht zu Skolia das Ende des Waffenstillstandes abwarten, und gieng nach Stri, wo Karoly ihm die neuen Friedensbedingungen, die General Palfy, als Bevollmächtigter des Kaiserhofs in dieser Sache, ihm überreicht hatte, mittheilte. — Als er ankam, waren die Grafen Bertschenzi, Esterhazy und Forgatsch beym Rakotzy zugegen. — Sie schrieben an den General Palfy um Aufklärung über einige Punkte, und beschlossen die conföderirten Stände auf einen bestimmten Tag nach Hust, in der Marmarosch zusammen zu be-

berufen. — Rakotzy versprach, sich selbst in eigner Person dorthin zu verfügen und über ihr künftiges Bestes sorgsam zu wachen. — Die oben benannten Generale Esterhazy, Forgatsch und Bertschenzi waren äußerst gegen den Grafen Karoly aufgebracht und riethen dem Fürsten, daß er ihn sollte arretiren lassen, welches dieser aber nicht that, weil er keinen hinlänglichen Grund hatte, seinen gegen ihn gefaßten Argwohn auf diese Art zu äußern.

§. 46.

Wider alles Vermuthen des Fürsten Rakotzy, setzten die Deputirten der gesammten Landstände, statt nach Rakotzys Befehl zu Huft zusammen zu kommen, Karol zu dem Orte ihrer Zusammenkunft fest, besprachen sich dorten über die Vergleichspunkte, und schickten sodann im Namen der ganzen Versammlung Abgeordnete an den Rakotzy, daß er an ihre Spitze treten und den Friedenstraktat, den sie ihm zugleich im Original mitschickten, mit unterzeichnen sollte, weil sie ihn sehr annehmber fänden. — Rakotzy war über die für ihn unerwartete Wendung, wie vom Donner getroffen. Er protestirte dagegen, weil keiner von den 24 Rathsherren;
wel-

welche die Parthey der Mißvergnügten ihm zur Seite gesetzt hatten, als er das Schwerdt für die Nation zog, unterschrieben hatte, oder nur darum wußte; den einzigen Grafen Karoly ausgenommen. Er sagte, daß er jetzt ebenfalls alles Recht hätte, sie an dieses iudicium delegatum zu verweisen, welches ihm zur Seite gesetzt worden wäre, ohne dessen Genehmhaltung er nicht einmal einen Brief hätte abschicken dürfen. Allein nun war er zu ohnmächtig gegen den Strom zu schwimmen, der Friede wünschte. Eine sehr beträchtliche Anzahl seiner Truppen, welche Karoly commandirt hatte, war ebenfalls dem Wunsche nach Frieden beygetreten. Seine übrige Mannschaft hatte sich größtentheils zerstreut, um Weib und Kind in Sicherheit zu bringen; weil überhaupt damals die Ungarn sich nichts daraus machten, ihre Fahnen zu verlassen, um ihre Familien zu begleiten, oder ihre Freunde mit ihrem Arme zu unterstützen. Rakotzy schickte diese Deputirten mit den schrecklichsten Drohungen gegen den General Karoly zurück, weil er in dieser wichtigen Sache so eigenmächtig gehandelt hätte. Unter dieser Zeit kam auch Kaschau, der letzte Zufluchtsort der Mißvergnügten, in die Hände

der

der Kaiserlichen. Nun hatte also Rakotzys letzte Stunde geschlagen. — Er verweilte auch keinen Augenblick mehr in dem Lande, wo sein mächtiges Ansehen so plötzlich zu Boden gestürzt war, sondern machte sich auf den Weg nach Pohlen, wohin ihm viele seiner Anhänger noch folgen wollten; allein weil er sich gegen sie erklärte, daß er nichts mehr für sie thun könnte, so verließen sie ihn auf der Gränze.

§. 47.

In diesem Lande hörte er, daß Frankreich bereits entschlossen wäre, ihn zu unterstützen, allein nun war es viel zu spät! — Baron Bezenval, französischer Gesandter in Pohlen, hatte den Auftrag, mit dem Czaar von Rußland dieserwegen Unterhandlungen zu pflegen. Allein die verbreitete Nachricht, daß der Marquis Desalleurs die Pforte dahin vermocht hätte, zum Vortheile Karls des zwölften, Königs in Schweden, dieselbe gegen den Czaar zum Kriege aufzureizen, machte diesen Monarchen gegen den Rakotzy ganz widrig gesinnt. Baron Bezenval schickte an den Czaar nach Jawarow einen gewissen Baluze als Subdelegaten, der von nichts anderm sprach, als daß sein König

sich

sich ins Mittel legen würde, um den Krieg zwischen der Pforte und dem Czaar zu verhindern. Rakotzy war damals nur eine Stunde von dem Aufenthaltsorte des Czaars entfernt; er kam nach Jawarow, sprach mit dem Czaar, und fand ihn ganz kalt gegen sich. Rakotzy war erstaunt, wurde es aber noch weit mehr, als er hörte, daß der französische Hof seine Gesinnungen in Rücksicht des Rakotzy geändert hätte; und daß Baluze mit keinem andern Auftrage von dem Baron Bezenval an den Czaar wäre abgeschickt worden, als demjenigen, welchen er bereits bestellt hätte. Nun sah Rakotzy, woran er war. Vergeblich bemühte er sich, den Czaar neuerdings in sein Interesse zu ziehen; er blieb für alle seine Vorstellungen taub. Kurze Zeit darauf erfolgte die unglückliche Schlacht bey Pruth, in welcher Czaar Peter so viel Schaden litte, daß er weiter an keine Allianz mit Frankreich mehr dachte. Kurz Rakotzy sah sich von allen Großen verlassen, und seinem Schicksale preis gegeben: er, der vor ein paar Jahren noch den mächtigsten Höfen Gesetze vorschreiben, und sich zu den Souverän einer mächtigen Provinz aufwerfen wollte, dachte damals nicht an die schöne Warnung, die ihm sein eigenes Symbolum stets vorpredigte, welches hieß: Homo proponit, Deus disponit. — Unter der Zeit, daß in Ungarn am Frieden gearbeitet wurde, machte er eine Reise nach Frankreich, um sich die Grillen über fehlgeschlagene Hofnungen zu zerstreuen, und wurde auch vom Könige Ludwig sehr gut aufgenommen. Er hatte für dieses Land, so wie für die Sprache eine außerordentliche Vorliebe, so daß er selbst sein Testament, das dieser Lebensbeschreibung angehängt ist, in französischer Sprache niederschrieb. —

§. 48.

Während daß Rakotzy unstät und flüchtig von einem Lande ins andere zog, wurde in Ungarn mit Ernst und Nachdruck die Vollendung der Friedens-Unterhandlungen betrieben, welche dann endlich im Jahre 1711, den 29. April zu Szatmar geendigt, und den 1. May, des nehmlichen Jahres zu Karol von den daselbst versammelten Ständen des Landes unterschrieben und beeidigt wurde. Feldmarschall Palfy war der Bevollmächtigte von Seiten des Kaiserhofes, und General Graf Karoly von Seiten der verbündeten Ungarn. Die

1711.

Quint-

Quinteßenz dieser zehen Artikel soll hier noch in möglichster Kürze berührt werden. —

§. 49.

Erstens: Dem Fürsten Franz Rakotzy bleibt die Freyheit unbenommen, ohne Gefahr seines Lebens, oder beweglichen und unbeweglichen Güter, im Königreiche sammt seinen Anhängern, Freunden, Unterthanen und bediensteten Personen zu bleiben: doch soll er längstens von dem Tage dieses Friedensschlusses an gerechnet, in drey Wochen, Sr. Majestät dem Kaiser einen wiederholten Eid der Treue schwören, widrigenfalls sollen seine Schlößer und Festungen von kaiserlichen Truppen, jedoch auf kaiserliche Kosten bewacht werden. Sollte er aber nach abgelegtem Eide der Treue Pohlen zu seinem Aufenthalte wählen, so soll es in seinem freyen Willen stehen; auch sollen ihm unter obbesagtem Vorbehalte seine Kinder zugelassen werden.

Zweytens: Gleiche Gnade soll allen Magnaten, Prälaten und Edeln des Reichs in Rücksicht ihrer Person und Güter wiederfahren; sie mögen noch im Lande seyn, oder bey

D 3   dem

dem Fürsten sich aufhalten. Auch soll der Fiscus und jeder andere Besitzer die confiscirten Güter, jedoch ohne Erstattung der Nutznißung zurückgeben. Gleiche Gnade soll sich von dem Obersten bis auf den gemeinsten Kriegsmann erstrecken, sobald er nehmlich die Waffen niedergelegt und in Friede sein Hauswesen besorgt. Franzosen, Italiäner, Deutsche sollen ungehindert in ihre Heimath zurückkehren, und kaiserliche Ueberläufer wieder in Gnade bey ihren Regimentern angenommen, auch Rücksicht auf ihre in diesem Kriege bezeigte Tapferkeit genommen werden.

Dittens: In Rücksicht der Religionsübungen der in Siebenbürgen und Ungarn bestehenden Religionspartheyen, und ihrer Rechte und Freyheiten wird Seine Majestät nach der alten Reichskonstitution verfahren.

Viertens: Das Eigenthum der Wittwen und Waisen, deren Männer und Väter durch den Krieg dahin gerafft worden sind, soll ihnen, wo es möglich ist, wieder in vorigem Stande zugestellt werden, und dies der Hauptgegenstand des nächsten Landtages seyn,

Fünf

Fünftens: Allen aus dem Lande entwichenen Unterthanen soll die nehmliche im zweyten Artikel benannte Gnade der allgemeinen Amnestie zu Theil werden. Die in der Moldau sich befindlichen Siebenbürgen sollen sich, um die Kosten der weiten Reise zu ersparen, an den zu dieser Sache bevollmächtigten General Steinville in Siebenbürgen wenden; was aber ehemals begleitete Ehrenstellen wären, so sollen sie zu Wiedererlangung derselben sich an deß Kaisers Majestät selbst wenden. Auch die Rechte der Jazigen, der Kumanen und Haydonikalstädte sollen in ihrer vorigen Kraft bleiben.

Sechstens: Auch den Kriegsgefangenen während der ganzen Zeit von jeder Nation soll gleiche Generalamnestie zu Theil werden.

Siebentens: Der, während dem letzten Waffenstillstande etwa angerichtete Schaden soll verhältnißmäßig geschätzt und von beyden Theilen ersetzet werden.

Achtens: Zu größerm Vertrauen auf die kaiserliche Gnade soll diese Generalamnestie, speciell ausgedehnt vom obersten bis zum niedrigsten Stande, noch besonders abgefaßt, von Sr. Majestät selbst ratificirt und in jedem Comitate rate besonders, so wohl in Ungarn, als Siebenbürgen, öffentlich kund gemacht werden.

Neuntens: Seine Majestät wird strenge über die Gesetze der Nation wachen und stets die Rechte jedes einzelnen Unterthans ungekränkt zu erhalten sich bestreben; welche Pflicht jedem Richter ins besondere vom höchsten bis zum niedrigsten Range aufs bündigste anempfohlen werden soll.

Zehntens: Auf dem nächsten Landtage soll alles, was auf das Wohl der Nation nur den geringsten Bezug haben mag, vorgenommen, und mit Zuziehung der gesammten Landstände und Deputirten abgeschlichtet werden, wenn erst bevor die gesammten Stände und Großen den wiederholten Eid der Treue werden abgelegt haben. Sollte Rakotzy zu Leistung dieses Eides nicht persönlich erscheinen wollen, oder können, so kann er durch einen Bevollmächtigten auf seine Seele schwören lassen, und demselben auch die Disposition über seine beweglichen und unbeweglichen Güter, die Abdankung seiner Truppen übertragen.

§. 50.

§. 50.

Diese Friedenspunkte wurden von den Bevollmächtigten beyder Theile besiegelt und unterschrieben, und zu Szatmar den 29sten April, 1711 ausgefertigt. General Feldmarschall Graf Johannes Palfy, und Karl Locher von Lindenheim schickten sie, von beyden benannten Personen im Namen Sr. Majestät unterzeichnet, an die dazu berufenen und zu Karol versammelten Landstände. Dorten wurden sie den 1. May, 1711 einstimmig anerkannt; nach gesetzlicher Form beschworen und besiegelt. — Im Namen der ungarischen Landstände unterzeichnete General Graf Alexander Karoly, mit noch sechszehn andern Großen des Reichs; im Namen der siebenbürgischen Graf Michael Barcsai und Michael Telecki mit sechs andern, im Namen derer, die sich in die Moldau geflüchtet hatten, ihr Bevollmächtigter Stephanus Daniel mit fünf andern; im Namen der ungarischen königlichen Städte und Bergstädte, Stephanus Hunyady, königlicher Richter zu Nagybanya, und Georgius Szasz, königlicher Richter zu Felsöbanya; im Namen der übrigen allen, die bey dieser Verhandlung zugegen waren, und den Eid der Treue geschworen haben, Daniel Bulyoszky, bestellter Anwald der ungarischen Nation, und Georg Pongracz, bestellter Sachwalter der Provinz Siebenbürgen; endlich im Namen der siebenbürgischen Truppen unterzeichnete C. Stephan Giulay, und Gabriel Haller mit andern sechs angesehenen Männern.

§. 51.

So kam also der Friede zu Stande, an dem Czeseny, Erzbischof von Colocza, und Baron Sirmay, mit Zuziehung der englischen und holländischen Vermittler, des Baron Rechteren Bruininx, und Stipney so lange Zeit ohne Erfolg gearbeitet hatten. — Kaiser Joseph der Erste, dieser allgemein geliebte Monarch, starb in der Blüthe seiner Jahre, ohne selbst mehr die Früchte seiner großen Arbeit genießen zu können. Fürst Rakotzy ließ sich von der Zeit an unter seinen Landsleuten nicht mehr sehen: nach einiger Zeit begab er sich aus Frankreich nach Smyrna, und von da nach Rodosto, wo er seine letzten Lebensjahre in einsamer Ruhe, entfernt von allem kriege-

1714.

gerischen Geräusche zubrachte. — Die Pforte ließ ihm den Schutz angedeihen, den er von ihr begehrt hatte. — Von dem Jahre 1717 bis an sein Ende lebte er in der Türkey, von den wenigen Hausofficieren und Bedienten umgeben, die ihm bis an seinen Tod angehangen waren. Er starb am Podagra, verbunden mit heftigen Kolikschmerzen, welche wahrscheinlich eine Folge seines unruhigen Lebens waren, zu Robosto den 8. April 1735, in seinem 59. Jahre, nachdem er schon 1732 den 27. October sein Testament verfaßt hatte, und wurde seinem Willen zu Folge, an die Seite seiner Mutter und seines Stiefvaters, Grafen Emerich Tököli, zu Nikomedien begraben. Sein Leben ist noch von keinem Biographen einzeln geschildert worden; denn die elende Scartefe, welche zu Paris 1707 in Duodez unter dem Titel: Histoire du Prince Rakotzy, ou la guerre des Mescontents sous son commandement, heraus kam, ist zu schlecht, als daß sie den Namen einer Biographie verdienen könnte, geht auch nur bis auf den Anfang des Jahres 1706. Dieser elende Scribler, der nichts als Haß und Galle gegen Oesterreich geiferte, wollte dem Fürsten Rakotzy seinen Wisch

1717.

1735.

Wisch dediciren, welcher aber zu edel dachte
den Weyhrauch eines so niedrigen Speichelle-
ckers anzunehmen, und sich diese Ehre verbat.
Bey dieser Arbeit sind die Memoires du Prince
Rakotzy, welche er in französischer Sprache
selbst verfaßt und der Histoire des Revolutions
d'Hongrie, die zu Haag 1737 bis 1739 in sechs
Bänden in Octav erschien, einverleibt sind, so wie
auch Rinks Leben Kaiser Joseph des I. genutzt
worden. Mit dem Anhange schließen wir das
ganze Werkchen, welcher einige Briefe nebst dem
französischen Testamente des Fürsten enthält;
wir halten das letztere für besonders merkwürdig, weil es einen sonderbaren Kontrast mit seinem wilden unruhigen Leben macht, und vielleicht auch einen Fingerzeig giebt, daß Rakotzy
nie auf dergleichen verderbliche Projekte verfal-
len wäre, wenn ihn nicht böse Rathgeber dazu
verleitet hätten.

Ende der Lebensbeschreibung des Fürsten
Franz Rakotzy.

Anhang

Anhang
zu
dem Leben des Fürsten
Franziskus Rakoßy.

Enthaltend
sein Testament und einige Briefe.

———

Anhang
zu
dem Leben des Fürsten
Franz Rakoßy.

I. Brief des Fürsten Rakoßy an den Großvezier.

Du, der du die höchste Würde dieses mächtigen Reiches begleitest, weiser erhabener Großvezier, erlauchter Freund unsers Hauses, den Gott segnen wolle mit der Fülle seiner Gnade, wirst ohne Zweifel erstaunen, daß du, mit der Nachricht von meinem Tode, einen Brief von meiner eigenen Hand geschrieben erhältst. Weil ich aber sehr wohl weiß, daß seit undenklichen Zeiten der Tod nach dem Winke der Vorsicht früher oder später den unabweißlichen Tribut heischt, den jeder Sterbliche bezahlen muß,

muß, so wollte ich bey Zeiten dieses letzten Augenblickes eingedenk seyn, um mich von allen denen, die mir gutes gethan, dankbar zu beurlauben. Deswegen habe ich noch bey vollkommener Gesundheit allen meinen ersten Hofbedienten den Befehl gegeben, sogleich nach meinem Hinscheiden dir dieses Schreiben einzuhändigen. Ich wünsche, daß die letzten Worte eines aufrichtigen Freundes dein Herz rühren, und dich zu Erfüllung meines letzten Wunsches auf dieser Welt befeuern mögen! —

Ich habe im Vertrauen auf Gott, den Urheber meines Daseyns, und den unüberwindlichen Herrn dieses Reches, in meiner traurigen Lage, Zuflucht bey der Pforte gesucht; und danke hiemit aufs feurigste, daß Sie mich mit meinen Getreuen aufgenommen hat. Auch habe ich niemals mich durch mein Betragen dieses Schutzes unwürdig gemacht, sondern stets ruhig und stille für mich gelebt, um mich zu meiner letzten Stunde vorzubereiten. — Ich habe mir es zur Pflicht gemacht, in meinem letzten Willen meine getreuen Diener und Angehörigen so zu bedenken, als es in meinen Kräften stand. Wollte der Himmel, daß ich Vermögen genug hätte

hätte, alle die Männer, die mir mein Herr, der gnädigste Kaiser gestattete, nach Würden zu belohnen. Ich wage es nicht, ihm mit der Bitte beschwerlich zu fallen, daß er mit kaiserlicher Gnade sie versorgen möchte, weil ich dem österreichischen Hause nicht nützlich gewesen bin. — Vor allen wünschte ich meinen getreuen Dollmetscher, Ibrahim Effendi gut versorgt zu wissen, und darum empfehle ich ihn in deine Gnade besonders, und bitte dich, daß du auch den übrigen gestatten mögest, nach ihrem Wunsche, entweder im Lande zu bleiben, oder nach ihrer Heymath zu ziehen. Laß durch sie meinen letzten Willen vollstrecken, und meinen entseelten Körper an die Seite meiner entschlafenen Mutter zur Ruhe bestatten. Dies sind die letzten Bitten deines sterbenden Freundes, der voll Dankbarkeit gegen deinen mächtigsten Herrn und dich erfüllt bleiben wird, bis sein Staub zu Staub sich gesellet.

Fürst Franz Rákotzy.

II. Testament

des Fürsten Franz Rakoßy.

Im Namen der allerheiligsten Dreyeinigkeit, des Vaters, des Sohnes und des heiligen Geistes.

Franziskus, durch deine Gnade, o Gott! Christlicher Fürst von Siebenbürgen, Fürst Rakoßy und des Heiligen Römischen Reiches, Herr und Graf von Sikles, Herzog von Munkatz und Makowitz, Graf von Saros, Herr von Saros-Patak, Tokay, Regez, Szerencz, Liebnicz und Onocz ꝛc. ꝛc.

Diese Titel, o Herr! hast du mir theils durch Volkswahl, theils durch Geburt verliehen: glück-

glücklich wäre ich, wenn ich sie stets zu deiner Ehre, und zu meinem ewigen Heil, wozu du mich berufen hast, genützt hätte. Allein ich gestehe in Demuth meines Herzens, daß ich stets ein Kind des Zorns vor dir war, daß ich die Gaben der Gnade an Körper und Geist, die du so reichlich über mich ausgegossen hast, zum Bösen angewandt habe. Dadurch habe ich dich, und den Zweck meines Daseyns beleidigt, und bin ein undankbares Geschöpf geworden, das keine Hofnung hat, zu deinem Throne zu gelangen, wenn nicht deine allumfassende Barmherzigkeit Gnade für Recht ergehen läßt. Ich danke dir für alles das Unglück, das mich in deiner Prüfungsschule betraf, weil es meinen unbändigen Stolz gedemüthiget und mich zubereitet hat, die Freuden deiner Zukunft genießen zu können. ——

Betrachtungen über die Hinfälligkeit des menschlichen Lebens veranlassen mich, meinen letzten Willen zu verfassen, weil ich noch lebe und gesund bin. Ich hoffe, daß diejenigen, denen ich die Vollstreckung meines letzten Willens, den ich in lateinischer Sprache niedergeschrieben habe, und welcher mein Eigenthum in diesem Lande betrift, ihre Pflicht genau befolgen werden, weil sie jederzeit getreue Diener waren. Dieses Testament betrift das Wenige, was ich in Frankreich durch Verträge, Privilegien und Verschreibungen von König Ludwig dem Vierzehnten, glorreichen Andenkens, zu fordern habe. Unterstütze du, o Herr, diese gerechten Ansprüche, damit nicht meine Getreuen im Lande der Ungläubigen aller Hülfe beraubt seyn mögen. —

Ich kam bloß auf die Welt, und werde auch eben so wieder hinausgehen. — Aus meinem Vaterlande bin ich verbannt, der große Haufe derer, die einst mir Weyhrauch streuten, hat mich verlassen und vergessen. Ich würde mein Vermögen jedem Fremden Preis geben, und nicht um die Verwendung desselben nach meinem Tode sorgen, wenn ich nicht Kinder hätte, die mir am Herzen liegen, wenn ich nicht die Dienste meiner getreuen Freunde doch wenigstens mit Etwas aus Dankbarkeit vergelten müßte. Dies ist die Ursache, warum ich durch dieses Testament über mein mir in Frankreich zustehendes Eigenthum schriftlich disponiren —

Er-

Erstens: Der verstorbene König von Frankreich, Ludwig der Vierzehnte, hatte für mich von der Königin in Pohlen, Maria, die Hälfte der Herrschaft Jereslaw gekauft: aber die in diesem Reiche herrschenden Unruhen gestatteten nicht, daß dieser Contract unter meinem Namen ausgefertigt werden konnte. Es geschah unter dem Namen der Groß-Generalin von Pohlen, Elisabetha Sinniauska. Der Marquis Bonac, damals französischer Gesandter beym König von Schweden, unterhandelte in dieser Sache mit dem Grafen Billasky, Kron-Großmarschalle; die Großgeneralin gab dazu nichts als ihren Namen her, wie es die Danziger Archive beweisen werden. Zwar verpfändete ich dieses Eigenthum an die Großgeneralin, erhielt aber über das Eigenthumsrecht von ihr und ihrem Gemahle einen schriftlichen Revers. — Dieses Recht überlasse ich meinem Sohne, Georg Rakotzy, Herzog von Makowicz, und bitte Seine Allerchristlichste Majestät, durch seine Minister in Pohlen, meines Sohnes Gerechtsame zu unterstützen, falls sie ihm streitig gemacht werden sollten.

Zweytens: Als der Hungarise Krieg zwey Jahre gedauert hatte, schickte der seelige König Ludwig der Vierzehnte den Marquis Desalleurs an mich ab, und versprach mir zu Fortsetzung des Krieges eine monatliche Unterstützung von 50000 Livers. — Als Marquis Bonac aus Pohlen abgerufen wurde, schickte ich einen Commisair an ihn ab, um mit ihm abzurechnen, und es fand sich, daß ich an den König 630000 Livers zu forden hatte. Als ich in Paris ankam, verwies mich der König dieser Summe wegen an Maison de ville. Der Abbee Dominicus Brenner, mein Minister sagte mir, daß es gewöhnlich wäre, solche Contracte unter dem Namen eines Darlehens zu stipuliren, daß sie nach alphabetischer Ordnung eingetragen und bezahlt würden, und daß es also für mich vortheilhafter wäre, wenn ich mir die Renten unter dem Namen Dominicus als unter dem Namen Franz bezahlen ließe. Ich ließ mir dies gefallen, ungeachtet ich schon 82000 Livers unter dem Namen des Grafen Saros plazirt hatte, welchen Titel ich nehmlich in Frankreich führte. Im Jahre 1717 gieng ich nach der Türkey, und vertraute diese Contracte dem Grafen von Toulouse, welcher

cher mir die Renten auf zwey Jahre voraus, zu Bestreitung meiner Reise, vorstreckte. — Die unter dem Namen des Abbees ausgefertigten Contracte aber wurden den Händen des Schatzmeisters übergeben. Ich war bey der ganzen Sache ein wenig zu leichtsinnig, weil ich nicht bestimmte, wem nach Verlauf der zwey Jahre die Contracte eingehändigt werden sollten. Brenner bemächtigte sich derselben, ehe noch meine Verfügungen dort eingetroffen waren, und weil derselbe durchaus sie nicht meinem Wechsler, Johann Baptista Helissan, einhändigen wollte, so bat ich den Regenten der Bank, Brennern in die Bastille setzen zu lassen, woselbst dieser Unglückliche sich einige Zeit darauf, aus Verzweiflung, den Hals abschnitt. —

Brenner that mir allerley Vorschläge, um meinen Befehlen auszuweichen und über meine Gelder disponiren zu können, weil die Bank Jobillets um diese Zeit in Frankreich sehr hoch im Preise standen; allein ich verwarf sie alle: deswegen faßte dieser Unglückliche den Entschluß, die Befehle des Monarchen zum Deckmantel zu nehmen, welche dahin giengen, alle

dergleichen Contracte zu verkaufen. — Er
veräußerte sie wirklich, wie man nach seinem
Tode aus seinen Papieren ersehen konnte. —
Die abgeordneten Commissaire des Bankore-
genten verhörten ihn in der Bastille hierüber,
und übergaben sämmtliche vorgefundene Banko-
papiere dem verstorbenen Marquis D'O, dem
ich sie auch eingehändigt wissen wollte. Nach
der Zeit gaben sich meine Interessenten alle
mögliche Mühe, dieselben, bis daß Cardinal
Fleury ans Ruder kam, bey dem Maison de
ville um die gewöhnlichen Procente wieder unterzubringen, die der höchstseelige König,
Ludwig der Vierzehnte, festgesetzt hatte; allein
es war nichts auszurichten. Deswegen ertheilte ich dem Grafen von Toulouse den Auftrag, sie zu verkaufen, wie er sie nur anbrin-
gen könnte; welches denn auch mit vielem
Schaden geschah. Ich erhielte für die ganze
obengedachte Summe zusammen 82000 Livers
und 6000 Livers lebenslängliche Pension, die
ich auf meinen Sohn, Georg Rakotzy, Herzog
von Makowitz, schreiben ließ. —

Ein Brevet des höchstseeligen Königs
sicherte mir 100000 Livers, unter dem Titel
Sub-

Subsidien-Gelder jährlich zu. — Allein bey Reducirung der Pensionen wollte weder der Herzog von Orleans, noch Monsieur le Duc diese Sache berühren, und sagten, daß dergleichen vonselbst aufhörte, so bald der Zweck, weswegen sie gegeben worden wären, nicht mehr existirte. Man bezahlte mir für die zurückstehenden Subsidien ebenfalls ein sehr unbedeutendes Pauschquantum. —

Ein anderes Brevet, das den Magnaten, Edelleuten und ungarischen Militairpersonen, die mir getreu geblieben waren, jährlich 40000 Livres zu einer Unterstützung zusicherte, wurde ganz unterdrückt.

Von allen diesen Summen will ich einige Vermächtnisse machen, und ich bin überzeugt, daß der jetzt regierende König von Frankreich gewiß diese unbeträchtlichen Summen gern hergeben wird, die ein Geschenk Ludwigs des XIV. waren das durch die Art, wie es geschah, die Verbindlichkeit einer Schuld erhielt, indem Frankreich wohl wissen wird, welche große Vortheile der Staat während dem ungarischen Kriege durch meine Thätigkeit erhalten hat.

Ich vermache den P. P. Jesuiten für die
Missions Volarts . . 1000 Livres.

Den P. P. Kamalbulensern de Gros-
bois . . . 5000 —

Meinem Haushofmeister Herrn Nikolaus Zibrick von Szaraskend 10000 —

Meinem ersten Kammerherrn, Hrn.
Mikes von Zagony. . . . 10000 —

Meinem ersten Allmosenier, Herrn
Abee Radalovicz. . . 50000 —

Meinem Kaplan dem Herrn Abte
Damosili. . . . 2000 —

Für Reisegeld demjenigen, der meine
goldne Toisenkette nach Spanien besorgt. . . . 6000 —

Dem Hauptmann meiner Leibgarde, Herrn Louis Molitard. . 3000 —

Jedem einzelnen Gliede derselben. 2000 —

Meinem Pathen, Franz Kaibaczi. 3000 —

Mei-

Meinem Haussekretair, Louis
Beckon. . . . 3000 Livres

Meinem Controleur Charieres, für
seine Tochter meine Pathe zum
Heyrathgute, das im Fall sie stür-
be, sein eigen bleiben soll. . 2000 —

Jedem Kammerdiener. . . 5000 —

Jedem Kammerpagen. . . 500 —

Meinem Garderobier, Gregor
Kavacz. . . . 1000 —

Dem Kammerhusaren Lazare . 1000 —

Dem Kammerhusaren Paraidi. 500 —

Meinem Leibjäger Koczegi. . 1000 —

Jedem Küchenofficianten. . 1000 —

Meinem Geschäftsofficier. . 1000 —

Den Livrebedienten ein Jahr ihrer Gage,
ihrer Kost, und den Betrag ihrer Livren. —

Den

Den andern Bedienten, Unterläufern, Zimmerputzern, Zimmerheitzern, kurz allen, die in meinen Unterhalte stehen, ihre jährige Gage nach Angabe meines Haushofmeisters und ersten Kammerherrn.

Sollten Seine allerchristlichste Majestät auch meinen getreugebliebenen Militärpersonen etwas auszuzahlen geruhen, so empfehle ich den General Lieutenant Grafen Czakizu. 15000 Livres.

Dem Baron Zay. . . 8000 —.

Dem Herrn Krusai, der vormals
  Sekretair der konföderirten
  Staaten war. . . 8000 —

Dem Obristen Mariasi. . 8000 —

Dem Obristlieutenant Kaspar
  Papay. . . . 3000 —.

Ich hoffe, daß der Monarch gnädigst von der noch überbleibenden Summe meinen Sohn

Se-

Georg Rakoßy, Herzog von Makowitz, beden=
ken wird, weil er noch einige Schuldposten, die
sich vielleicht vorfinden werden, abzuführen hat.
Einige Gläubiger wollen von Zeit des ungari=
schen Krieges noch Forderungen an mich machen,
allein ich verweise sie an das Land, für das ich
gearbeitet und einen großen Theil meines eig=
nen Vermögens aufgeopfert habe. — Schul=
den, die ich vor meiner Gefangennehmung ge=
macht habe, mögen die abtragen, die sich mei=
nes Eigenthums bemächtiget haben. — Ich
empfehle nochmals meine beyden Kinder in
den Schutz des gütigsten Monarchens von
Frankreich, und bitte ihn, um der Gnade
willen, mit der sein glorreicher Großvater
mir stets gewogen war, sich meiner Kinder und
meiner armen angehörigen getreuen Diener=
schaft zu erbarmen und ihnen die Summen,
auf welche ich gegründeten, rechtlichen Anspruch
machen könnte, nicht vorzuenthalten. — Mei=
nes Bleibens ist nicht lange mehr hier, drum
will ich mich aller eiteln Weltgeschäfte entschla=
gen, und mich zu der letzten großen Stunde
vorbereiten, die jedem vom Weibe gebohrnen
schlagen wird. —

Ich

Ich würde es für Beleidigung der Freundschaft halten, welcher Herr Le Duc de Bourbon, Graf Charolois, Herzog du Maire und Graf Toulouse mich gewürdiget haben, wenn ich mich nicht an sie wendete, diesen meinen letzten Willen zu besorgen. — Meine traurige Lage mag mich entschuldigen, wenn ich die Gränzen der Hochachtung überschreite, welche ich in meinen gegenwärtigen Umständen gegen solche Männer haben sollte. Allein ich kenne ihre edeln Herzen, und empfehle Ihnen insbesondere nachdrücklich den Herrn Mollard, den ich erzogen habe, und meine übrigen französischen Hausbedienten, und sie gut unterzubringen, weil ich nicht im Stande bin, ihre Treue lebenslänglich zu belohnen. —

Diesen meinen letzten Willen habe ich bey guter Gesundheit des Körpers und Geistes eigenhändig verfaßt, unterschrieben und gesiegelt.

Und nun empfehle ich meine Seele in die Hände des Allbarmherzigen, von dem sie kam. Ich sterbe in dem Glauben der Römischmisch-Catholischen Kirche, und werd mit reuevollem Herzen das heilige Sacrament der Buße und der letzten Wegzehrung im Vertrauen auf Christi Verdienst empfangen.

Gegeben zu Rodosto, den 27. October 1732.

Fürst Franz Rakotzy, ꝛc.

III.
An die
vier bevollmächtigten Vollstrecker
des
Rakozyschen Testamentes.

den 26. Junius 1735.

Durchlauchtigste, und Hochgebohrne Herren!

Wir nehmen uns die Freyheit, Hochdenenselben das Testament des Hochseeligen Fürsten Rakozy zu übermachen; weil er in demselben alles Vertrauen auf Deroselben vermögende Verwendung setzte. — Dies ist die letzte authentithentische Akte, die sich nach seinem Ende vorfand, das ihn so schnell übereilte, als wir alle es am wenigsten vermutheten. Wir bauen ganz allein auf die menschenfreundliche Theilnahme, welche Hochdieselben gewiß mit dem traurigen Schicksaale der hinterlassenen Fürstlichen Sprößlinge haben werden, und flehen um Hochdero gütigste Fürsprache bey Seiner allerchristlichsten Majestät, daß dieselbe ein gnädiges Ohr den Bitten des Verblichenen verleihen möge, der bey Höchstdero glorreichem Großvater in so hoher Gnade stand. Ewig wird dafür die verwaißte unglückliche Familie den Seegen des Höchsten über Dero Haupt herabflehen, und dankbar Höchstdero gnädiger Verwendung gedenken.

Die Rakoßyschen Waisen.

IV.

Schreiben
an den Herrn
Grafen Toulouse.

Hochgebohrner Herr Graf!

Der allgemeinen Verbindlichkeit, die uns der Hochseelige in Rücksicht seines Testamentes aufgelegt hat, haben wir uns durch das Schreiben an die vier Vollstrecker desselben entladen, allein eine heilige Pflicht treibt uns noch an, mit dem edlen Manne noch besonders zu sprechen, der den Hochseeligen seiner vertrautesten Freund-

Freundschaft würdigte, und ihn zu bitten, dem Entschlafenen in seinen Kindern das letzte Kennzeichen des Wohlwollens zu geben. Der Hochseelige empfahl Hochdenselben seine Kinder und sein ganzes Haus so rührend und so dringend, daß Hochdieselben gewiß aus angebohrner Güte sich für den letzten Willen desselben bey seiner allerchristlichsten Majestät verwenden, und durch Hochdero viel vermögende Fürsprache, für das Eigenthum der Armen Verwaißten wirken werden. Ewig wird die hinterlassene Familie des Hochseeligen dafür die heißesten Wünsche zu dem Geber alles Guten um Seegen für Ihren zweyten Vater senden.

Die Rakotzyschen Waisen.

V.

Schreiben

des Fürsten

Franz Rakoßy

an den

Königlich-Französischen Gesandten zu Konstantinopel.

Ew. Excellenz.

Entsetzen sich Ew. Excellenz darüber nicht, daß mein eignes Schreiben Denselben die Nachricht meines Todes bringt; ich habe dasselbe noch bey voller Gesundheit geschrieben, aber den ersten

sten meines Hofes den gemessenen Auftrag ertheilt, es sogleich nach meinem Tode Ew. Excellenz zu überbringen. Ich habe über mein ganzes Vermögen in zwey verschiedenen Testamenten disponiret, eines, das lateinisch verfaßt ist, enthält die Verfügungen über das Eigenthum, das ich bey mir habe; das andere, welches ich in französischer Sprache niederschrieb, betrifft die Gelder, welche ich von der Krone Frankreichs mit allem Rechte fordern kann. — Ich kann mich zwar auf die Zuverläßigkeit und Rechtschaffenheit meiner Leute sicher verlassen, wünschte aber doch, daß Dieselben, um alle Verdrüßlichkeiten und Partheylichkeiten zu vermeiden, die Gnade für mich hätten, sogleich bey Empfange dieses Schreibens, Dero Kanzler, um das Inventarium zu attestiren, und den David Magy, mit noch einem andern rechtschaffenen Handelsmann, um die Sachen abzuschätzen, hieher senden möchten. Ich hoffe zu Gott, daß er das Herz der Pforte zum Besten meiner armen hinterlassenen Bedienten und Vertrauten lenken wird. Sollten aber demungeachtet alle meine vorsichtigen Vorkehrungen unnütz gewesen seyn, so flehe ich in diesem Falle Ew. Excellenz demüthigst, sich für mich des

An-

Ansehens Ihres Monarchen zu bedienen, in dessen Schutz ich alle meine Sachen lege. Meine ganze Willensmeynung wird Dero Herrn Kanzler mitgetheilt werden. Die Herren le Duc de Bourbon, Grafen von Charolois, Duc de Maire und Grafen von Toulouse habe ich gebeten, mein in französischer Sprache verfaßtes Testament zu besorgen, weil sie stets die wärmste Theilnahme an meinem Schicksaale haben blicken lassen. Meine Lage, die Ew. Excellenz kennen, erlaubte mir nicht, meinen letzten Willen mit den gewöhnlichen Formalitäten niederschreiben zu lassen; allein weder in Ungarn, noch anderwärts habe ich nahe Freunde, und von meinen Kindern hoffe ich nicht, daß sie die Testamente ihres Vaters umstoßen werden. Ich habe alles nach bestem Wissen und Gewissen gethan, und glaube daher, mir in diesem Punkte nichts vorwerfen zu dürfen, sondern erwarte meinen letzten Augenblick voll Vertrauen auf die Barmherzigkeit des Ewigen. Ich verbleibe bis zum letzten Hauche meines Lebens Ew. Excellenz ergebenster

Fürst Franz Rakoczy.

www.ingramcontent.com/pod-product-compliance
Lightning Source LLC
Chambersburg PA
CBHW031746230426
43669CB00007B/504